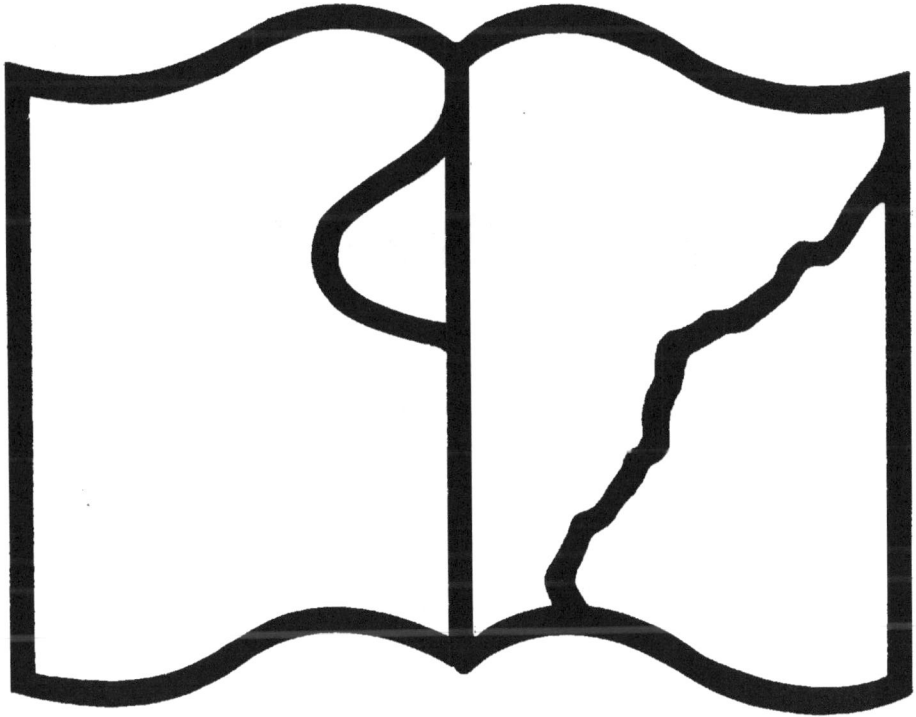

Texte détérioré — reliure défectueuse

NF Z 43-120-11

SOCIÉTÉ CIVILE DE LA FORÊT DE BÉLESTA

DÉPARTEMENT DE L'ARIÉGE. — ARRONDISSEMENT DE FOIX

PROJET D'AMÉNAGEMENT

DE LA

FORÊT DE BÉLESTA

APPARTENANT A LA

SOCIÉTÉ CIVILE DU MÊME NOM

ROANNE

IMPRIMERIE CHORGNON ABEL, RUE DE SULLY

1877

SOCIÉTÉ CIVILE DE LA FORÊT DE BÉLESTA

DÉPARTEMENT DE L'ARIÉGE. — ARRONDISSEMENT DE FOIX

PROJET D'AMÉNAGEMENT

DE LA

FORÊT DE BÉLESTA

APPARTENANT A LA

SOCIÉTÉ CIVILE DU MÊME NOM

ROANNE

IMPRIMERIE CHORGNON ABEL, RUE DE SULLY

1877

PROJET D'AMÉNAGEMENT

DE LA

FORÊT DE BÉLESTA

APPARTENANT A LA

SOCIÉTÉ CIVILE DU MÊME NOM

En vertu d'une convention passée avec M. Paul DE BOYER DE MONTÉGUT, propriétaire, demeurant au château de Maurens, fondé de pouvoirs de la Société civile de la forêt de Bélesta, dont le siége est à Roanne (Loire),

Nous soussignés, Jules CASTEL, inspecteur des forêts à Pau, et Henri THINUS, garde général des forêts à Ax, experts chargés de procéder à l'aménagement de la forêt de Bélesta, après avoir, dans le courant de l'année 1876, exécuté sur le terrain toutes les opérations que comportait l'accomplissement de notre mandat,

Avons consigné, dans le rapport dont la teneur suit et dans les plans y annexés, le résultat de nos travaux et de nos études.

CHAPITRE I.

Statistique générale.

NOM. — La forêt de Bélesta emprunte son nom à celui de la commune, sur le territoire de laquelle elle est située presque toute entière. Quelques parcelles seulement, placées à son extrémité ouest et dépendant des cantons appelés Palauty et Malart, sont comprises dans le périmètre de la commune de Fougax.

SITUATION. — Elle est située à l'extrémité orientale du département de l'Ariége, confine au département de l'Aude, et forme le prolongement du haut plateau ondulé connu sous le nom de *pays de Sault*. Elle domine la vallée de l'Hers et s'étage sur une série de mamelons à pentes rapides, dont l'ensemble très-accidenté aboutit à un étroit vallon qui court de l'ouest à l'est. Le thalweg de ce vallon est occupé par une route de grande communication reliant la forêt à Bélesta d'un côté, et de l'autre aux communes du pays de Sault.

LIMITES. — Ses limites sont : au nord, des propriétés communales ou particulières, situées sur les territoires de Fougax et de Bélesta; à l'est, les communes de Rivel et de Roquefeuil; au sud, cette dernière commune et celle de Fougax; à l'ouest, le territoire de Fougax.

Sauf un ténement de faible étendue, connu sous le nom de *Soula de l'Espine*, isolé sur le territoire de Fougax, elle peut être considérée comme formant un massif unique.

CONTENANCE. — La contenance totale, d'après le lever général du terrain auquel nous avons dû procéder, est de neuf cent onze hectares huit ares soixante-dix-sept centiares (911 hectares 8 ares 77 centiares).

NATURE DU SOL. — Le sol, de nature calcaire, mélangé de marne argileuse en proportion variable, est généralement frais et fertile : il présente, dans sa composition, une analogie digne de remarque avec celui où croissent les plus belles sapinières du Jura.

Considéré géologiquement, il appartient au terrain crétacé inférieur ou calcaire à dicérates de Dufréney, en relation intime avec le lias. (Voir la carte géologique du département de l'Ariége, par M. Mussy, ingénieur des mines.)

ALTITUDE. — L'altitude moyenne de la forêt est de 900 mètres au-dessus du niveau de la mer.

CLIMAT. — Le climat est un peu rude, mais n'a rien d'excessif : il est caractérisé par la chute et le séjour de neiges assez abondantes, par des gelées tardives et par des coups de vents de l'ouest, du sud et du sud-est, qui soufflent parfois avec violence.

Dans une contrée toute voisine de la ligne de partage entre les deux grands bassins de l'Océan et de la Méditerranée, il n'est pas rare que des courants contraires viennent à se heurter et déterminent des tourbillons dangereux pour les arbres qui ne sont pas suffisamment serrés pour se prêter un mutuel appui.

PEUPLEMENT. — Abstraction faite de l'extrémité ouest du canton Palauty où le chêne a pris possession du terrain, on peut dire qu'une essence unique peuple la forêt de Bélesta; c'est le sapin commun *(Abies pectinata)* connu aussi sous les noms de sapin argenté et de sapin des Vosges. Tous les autres résineux qu'on rencontre sur certains points ont été plantés de main d'homme.

Le sapin s'accommode, on ne peut mieux, du sol et du climat. Partout où les massifs n'ont pas été desserrés outre mesure, il rencontre la fraîcheur qui lui est indispensable, et ses longues racines, pénétrant à travers les fissures de roches fendillées, lui assurent une assiette puissante. Sa végétation, lente au début, finit par devenir remarquablement belle et vigoureuse, ainsi que l'attestent, à première vue, l'élancement des jeunes gaulis, la longueur des pousses annuelles, les dimensions des vieux arbres et le renflement prononcé qui se montre à la base d'un grand nombre de sujets.

Sur certains points néanmoins, la roche sous-jacente affleure ou émerge ; le sol devient sec, pierreux, aride ; les morts-bois l'envahissent, et la végétation change d'aspect. C'est là, d'ailleurs, une particularité commune à la plupart des grandes forêts de montagne où les accidents de terrain, les conditions diverses de sol, d'exposition, de climat, ne permettent jamais d'obtenir une uniformité complète dans l'état de la végétation.

Pour la propriété que nous étudions, c'est surtout au nord de la route que se rencontrent les parties les moins fertiles. Nous nous bornons à signaler le fait en passant, et nous nous réservons d'examiner plus loin ce qui, dans leur état actuel, doit être attribué à la nature des choses, ou imputé à des causes purement accidentelles qu'il eût été possible de conjurer.

Les sapins de Bélesta, connus et appréciés de longue date, sont remarquables par la finesse et la beauté de leur grain.

Peut-être n'ont-ils pas, en tant que bois de service, toute la résistance, toute l'élasticité qui distinguent les produits de quelques forêts de l'Aude, mais ce sont, à coup sûr, d'excellents bois d'œuvre, très-recherchés du commerce. —

VOIES DE VIDANGE. — Malgré les nombreux accidents du terrain, on peut dire que l'exploitation ne présente de difficultés sérieuses que dans des cas exceptionnels. La traite des bois est facilitée par une série de chemins de vidange désignés sous le nom de *tires*, aboutissant tous au chemin de grande communication dont nous avons déjà parlé et qui constitue la grande artère de la forêt.

Arrivées à ce chemin, les pièces les plus longues peuvent être chargées sur essieux et dirigées vers l'Ariége ou vers l'Aude. Les tires principales, empierrées pour la plupart en totalité ou en partie, sont :

1° Au sud de la route : le chemin de Lalibert, la tire de Tuteil, la tire du col del Serié ;

2° Au nord de la route : les tires de las Tachouarès, de Pansou, de Garseilles, des Crémadisses, de la Ferrière, de Milhas, enfin celle du Prince.

VALEUR DES BOIS. — A Bélesta, comme partout d'ailleurs, le prix des bois varie, suivant les besoins de la consommation, l'état général du commerce, la qualité des produits mis en vente, les difficultés plus ou moins grandes de l'exploitation et de la vidange. La mesure locale est le pied cube, dont le prix actuel est de 1 fr. 25 à 1 fr. 50 pour les bois sains, et de 0 fr. 90 à 1 fr. 15 pour les bois défectueux, très-improprement appelés chablis par les gardes de la forêt. Ces chiffres font ressortir le prix du mètre cube de 33 fr. 75 à 40 fr. 50 pour les pièces de bonne qualité, et de 24 fr. 30 à 31 fr. 05 pour les bois inférieurs.

Mais il convient de remarquer que l'usage de la contrée est de mesurer les bois *au quart sans déduction,* ce qui revient à dire que, pour déterminer le volume d'une pièce, on mesure sa circonférence au milieu, on prend le quart de cette circonférence, on l'élève au carré et l'on multiplie ce carré par la longueur de la pièce. On obtient ainsi un volume inférieur au cube réel et qui est, à ce dernier, dans le rapport de 0,7854 à l'unité. C'est ce dont il est aisé de ce convaincre en comparant les deux formules :

$$V = \pi R^2 H \quad \text{et} \quad V = \frac{\pi^2 R^2 H}{4}$$

dont la première donne le volume réel, et la seconde le volume au quart sans déduction.

Il suit de là que le prix du mètre cube en grume varie entre 26 fr. 51 et 31 fr. 81 pour les bonnes qualités, et pour les qualités inférieures entre 19 fr. 09 et 24 fr. 39.

Quant aux bois de feu qui, dans les sapinières, sont de modique importance par rapport aux bois d'industrie, la coutume est de les vendre par piles de 0m90 de hauteur sur 3m55 de couche et 1m10 de profondeur : chaque pile représente 3st 51, et se vend à raison de 1 f. 28 le stère.

SURVEILLANCE. — Bien que la forêt soit journellement parcourue, en tous sens, par les usagers des hameaux de Bélesta qui y jouissent du droit de dépaissance, nous n'y avons constaté nulle part la trace de déprédations importantes ou nombreuses, d'où il faut conclure que les populations riveraines sont peu délinquantes et que la surveillance est convenablement exercée. Elle est confiée à un régisseur qui a sous ses ordres immédiats cinq gardes particuliers ; trois de ces gardes habitent à proximité de la forêt, dans des bâtiments qui appartiennent à la Société.

MAISONS. — Les deux autres gardes sont logés à la maison forestière, dite des Trois-Arbres, bâtie dans la forêt même et attenant au chemin de grande communication. Cette maison est en assez bon état, mais la disposition intérieure en est très-défectueuse et elle ne répond que très-imparfaitement aux exigences de sa destination. A quelques pas plus loin, et également sur le sol de la forêt, existe une petite maison qui abritait autrefois un charbonnier, employé pour le compte de la Société. Cette maison tend à se dégrader, comme tous les bâtiments inoccupés.

CHASSE, GIBIER. — La chasse n'a jamais été louée dans la forêt de Bélesta, et il serait impossible d'en tirer un revenu appréciable, parce que le grand gibier y fait complétement défaut et que le menu gibier est loin d'y être abondant. Ce qu'on y remarque, c'est la trace de nombreux renards et une grande quantité d'écureuils : les bûcherons considèrent ces derniers comme des animaux malfaisants qui s'attaquent à la pousse terminale des conifères. Nous ne partageons pas cette opinion, nous la tenons tout au moins pour fort exagérée, et nous croyons que ces petits rongeurs sont assez inoffensifs pour qu'il n'y ait nul besoin de les détruire.

INSECTES NUISIBLES. — Il n'existe nulle part aucune marque de dégâts causés par les insectes nuisibles. La plupart des forêts des Pyrénées sont d'ailleurs exemptes de ces invasions de scolytes, si redoutées dans la région du nord-est.

CHAPITRE II.

Description spéciale.

Après avoir jeté un coup d'œil d'ensemble sur la forêt de Bélesta, et indiqué sommairement les traits généraux qui la caractérisent dans ses éléments de production, nous avons dû l'étudier plus en détail et suivre pas à pas les différentes nuances de sol, de situation, de peuplement, qui distinguent ses cantons les uns des autres.

A cet effet, nous nous sommes immédiatement occupés de la constitution du parcellaire, travail important destiné à faciliter tout d'abord la description détaillée de la forêt, puis à préciser dans la suite l'ordre dans lequel devront se succéder les opérations qu'il conviendra d'y pratiquer.

Adoptant pour lignes périmétrales les crêtes, les chemins, les sentiers, reliant ces lignes les unes aux autres par de légères tranchées ouvertes à travers bois, nous avons subdivisé l'ensemble du massif en une suite de parcelles distinctes, aussi naturelles que le comportait l'état des lieux, dont chacune a été l'objet d'un arpentage spécial et qui toutes sont reproduites sur les plans annexés au présent rapport.

Nous donnons ci-après la description de ces parcelles, en la présentant sous forme de tableau, suivant l'usage adopté par les aménagistes.

TABLEAU DESCRIPTIF DES PARCELLES.

(Voir les 11 pages suivantes.)

LETTRE désignant LA PARCELLE	NOM DE LA PARCELLE.	CONTENANCE.	SITUATION.	EXPOSITION.	SOL.	DESCRIPTION DU PEUPLEMENT.
		H. A. C.				
A	Les Saouzes.	29.29.50	Pente assez raide.	Nord et nord-ouest.	Frais, substantiel, recouvert d'une légère couche de mousses.	Massif complet constitué par des bois de tous âges en mélange intime, d'où les exploitations ont fait disparaître les sapins de fortes dimensions. Végétation vigoureuse.
B	Pastural, col del Serié.	28.06.57	Pente très-douce dans le bas, dont la déclivité augmente de plus en plus quand on se rapproche de la crête.	Nord.	Frais, substantiel, assez profond, sauf à la crête, où il devient rocheux et se garnit de buis que l'épais couvert des sapins finira d'ailleurs par étouffer.	Peuplement complet dans son ensemble, assez jeune en général, surtout dans la région supérieure où dominent des gaulis et perchis à l'état serré; dans la région inférieure, les bois sont plus forts, plus élancés et prennent un accroissement annuel très-marqué. Dans le voisinage immédiat de la route, absence de semis naturels due à la permanence du pacage. En somme, très-belle végétation, un peu ralentie vers la crête.
C	Pastural, fount des Agréous.	29.78.83	Même situation.	Nord.	Même sol.	Peuplement semblable à celui de la parcelle précédente, croissant dans des conditions identiques, mais toutefois formé de sapins dont les dimensions sont un peu plus fortes. Dans le bas, traces marquées du séjour continu du bétail. Très-belle végétation.
D	Fount de l'Estiou.	44.86.64	Pente presque nulle au bas de la parcelle, assez raide si on se rapproche de la crête.	Nord et nord-ouest.	Sol fertile.	Bon massif de sapins d'âges divers en mélange, où les vieux arbres sont rares. Nombreux perchis élancés, de 40 à 50 ans, qui fourniront de précieuses ressources dans l'avenir. Le peuplement est en général complet; toutefois, on y remarque un certain nombre de petites clairières provenant du traînage de grosses pièces ou d'anciennes mouillères depuis longtemps assainies, dont il n'existerait plus la moindre trace sans le bétail des usagers. Bonne végétation.
E	Les Coumels.	38.44.34	Terrain très-mouvementé, à pentes variables, tantôt rai-	Nord et est.	Bon sol, frais, gazonné, un peu rocheux par places, mais très-	Massif complet malgré quelques traces de traînage, renfermant des sapins d'âges très-variés croissant en mélange intime, plus quelques épicéas plantés de main d'homme.
	A reporter. . .	167.45.88				

LETTRE désignant LA PARCELLE.	NOM DE LA PARCELLE.	CONTENANCE.	SITUATION.	EXPOSITION.	SOL.	DESCRIPTION DU PEUPLEMENT.
		H. A. C.				
	Report . . .	167.15.88	des, tantôt faibles, parfois presque nulles.		favorable à la végétation du sapin.	L'ensemble de la parcelle présente le véritable type de la futaie jardinée. Vers le bas, le peuplement devient trop clair par suite d'exploitations condensées sur le même point et le sol, fortement gazonné, ne se regarnit pas à cause de la présence continuelle du bétail. Belle végétation.
F	*Rives du Pouil.*	15.27.11	Pente raide.	Nord.	Bon sol, gazonné sur la plus grande partie de sa surface.	Massif formé de sapins de tous âges, complet sur la plupart des points, néanmoins avec quelques parties claires à cause du pacage. Dans le haut, jeune futaie uniforme où les coups de vent ont laissé quelques traces de leur action. Marques très-accusées d'abroutissement à l'est, le long du chemin. La parcelle tend à se raviner dans son milieu. Vide d'environ 40 ares, à moitié repeuplé en pins sylvestres et épicéas. Bonne végétation.
G	*Fount de Labatut.*	5.66.24	Pente raide.	Nord-ouest.	Bon sol, frais et fertile.	Massif un peu trop clair, de sapins généralement jeunes, au pied desquels on remarque une certaine quantité de cépées de hêtres étiolés par le couvert. Végétation vigoureuse. Dans le voisinage de la fontaine Labatut, vacant repeuplé en mélèzes de très-médiocre venue que le vent a maltraités. L'exclusion du bétail suffirait pour que le sapin prît naturellement possession de ce vacant.
H	*Tarbouriech et Picou.*	32.14.51	Pente très-raide.	Sud est	Sol généralement frais et fertile, moins bon à la limite ouest; quelques places humides de faible étendue, qu'il serait bon d'assainir.	Massif de sapins très-bien venant, mais un peu clair, où l'on rencontre beaucoup de jeunesse, des arbres d'âge moyen mais peu de vieux bois; c'est aux anciennes exploitations, au trainage des grosses pièces, au parcours du bétail, qu'on doit attribuer les clairières. Deux taches assez larges repeuplées de main d'hommes il y a vingt-cinq ou trente ans, l'une en mélèze, l'autre en pin sylvestre, avec adjonction de pin Weymouth. Dans cette dernière, les aulnes se mêlent aux résineux. Belle végétation.
	A reporter. . .	220.23.74				

LETTRE désignant LA PARCELLE	NOM DE LA PARCELLE.	CONTENANCE.	SITUATION.	EXPOSITION.	SOL.	DESCRIPTION DU PEUPLEMENT.
		H. A. C.				
	Report . . .	220.23.74				Jeune massif de sapins vigoureux et assez complet, où
I	Carbounier rouge et bac de Lalibert.	28.19.34	Pente très-raide.	Ouest et nord.	Bon sol, frais et fertile, sauf dans le voisinage immédiat de la crête, où il devient sec et pierreux.	dominent les perchis de 25 à 50 ans, à maintenir constamment à l'état serré, dans la crainte des coups de vent violents et du poids des neiges. Bonne végétation se ralentissant dans le voisinage de la crête où apparaissent les coudriers, les buis, les genevriers.
J	Les Mandratières.	8.85.32	Pente raide par places.	Sud-est.	Sol frais et fertile, sauf une bande rocheuse vers la crête; légèrement gazonné.	Massif de sapins assez complet, sauf quelques vides dans le voisinage de son périmètre envahis par les buis et les houx. Le peuplement est jeune, élancé, bien venant; il présente tous les caractères d'une belle végétation.
K	Pinet, fount des Loups.	39.59.57	Pentes très-variables.	Sud-est.	Très-bon sol se soutenant jusqu'à la crête, où le roc n'apparaît que sur une faible étendue.	Beau massif de sapins, généralement très-complet, avec quelques taches un peu claires consistant en bois de tous âges, tantôt intimement mêlés, tantôt groupés par classes. Quelques buis dans le haut de la parcelle. Végétation vigoureuse caractérisée par la forme élancée et cylindrique des sapins.
L	Pinet.	38.44.99	Pente rapide.	Sud-est.	Bon sol, frais et fertile, devenant rocheux à la crête. Gazonné dans les parties claires.	Massif de sapins où existent beaucoup de sujets en pleine croissance, ayant dépassé 50 ans. Peuplement serré, sauf dans le haut de la parcelle où les arbres deviennent clairs, languissent, couvrent insuffisamment le sol que les buis tendent à envahir. Belle végétation partout ailleurs que dans le voisinage de la crête. Dans le bas, quelques places humides à assainir.
M	La Caouzine.	25.59.47	Pente douce dans le bas, s'accentuant de plus en plus.	Sud-est.	Bon sol, frais et fertile, mais devenant rocheux à la crête. Gazonné et mousseux sur les places claires. Environ 4 hect. de roc pur.	Sur environ neuf dixièmes de la parcelle, le peuplement consiste en un bon massif de sapins assez serré où dominent les bois âgés de 50 à 70 ans. Vers la crête, les sapins s'espacent et les morts-bois s'emparent du sol. Végétation belle et élancée dans l'ensemble de la parcelle, médiocre au sommet, d'où il serait utile d'éloigner le bétail.
	A reporter . . .	360.62.40				

LETTRE désignant LA PARCELLE	NOM DE LA PARCELLE.	CONTENANCE.	SITUATION.	EXPOSITION.	SOL.	DESCRIPTION DU PEUPLEMENT.
		H. A. C.				
	Report . . .	360.62.40				
N	Canalot de Soury.	3.28.77	Mamelon à pentes raides dans le haut, très-escarpé vers le bas.	Nord et est.	Sol très-rocheux mais dont le sapin s'accommode bien. Ebouliscouverts de mousses.	A l'extrémité Est de la parcelle, jeunes perchis et gaulis de sapin complets et bien venant. Partout ailleurs futaie de même essence où dominent les arbres d'âge moyen, trop claire, ne couvrant pas suffisamment le sol, assez nombreuse toutefois, pour le repeupler à la longue. Presque pas de traces de semis naturels. Végétation assez active, quelques buis.
O	Pla del Frèche et soula du Gélat.	32.01.58	Pente moyenne aboutissant à un étroit plateau.	Sud-sud-ouest.	Frais et fertile dans le bas, pierreux dans le surplus; un banc de roches prend la parcelle en écharpe; mousses, gazon.	Peuplement complet formé de jeunes sapins à l'état de perchis et gaulis, avec quelques semis naturels qui ont échappé aux atteintes du bétail. Les bois d'âge moyen sont peu nombreux; les vieux font défaut, sauf quelques-uns dans le bas de la parcelle. Une clairière peu considérable sur le plateau. Quelques buis. Végétation vigoureuse dans le voisinage de la route et sur tous les points où la couche végétale ne fait pas défaut, un peu lente sur le plateau, médiocre au milieu des roches voisines de la maison forestière.
P	Catigne de Pansou.	19.11.42	Pente générale assez faible, avec des ondulations très-prononcées et quelques ressauts à pic.	Sud.	Très-fertile dans le bas; plus haut, rocheux et souvent maigre, avec des filons de terre végétale où le sapin s'implante et prospère; buis, ronces, mousses dans les parties découvertes.	Massif de sapins de consistance inégale, clairière à sa base, très-complet au-dessus, jusqu'au point où les roches affleurent; de là, au sommet, clair par places. mais suffisant encore, pour peu qu'on le ménage. L'âge des bois varie d'un point à un autre; jeunes semis maltraités par le bétail mais tendant à se relever, perchis bien venant, bois d'âge moyen, quelques vieux sapins groupés dans le bas. Le coudrier s'implante dans les parties rocheuses. Le long de la route, belle plantation d'épicéas, âgée d'environ 30 ans. Végétation très-active à la partie inférieure, un peu moins belle au-dessus, mais bonne encore comme l'atteste l'état des bois sur pied.
	A reporter. . .	415.04.17				

LETTRE désignant LA PARCELLE	NOM DE LA PARCELLE.	CONTENANCE.	SITUATION.	EXPOSITION.	SOL.	DESCRIPTION·DU PEUPLEMENT.
		H. A. C.				
	Report . . .	445.04.47				
Q	*Pierre petite et clot de las Courbes.*	33.87.53	Pente moyenne avec quelques ressauts peu considérables.	Sud-ouest et sud-est.	Sol fertile dans le bas, pierreux partout ailleurs, bon pour le sapin cependant, partout où la roche n'est pas nue et compacte.	A l'exposition du sud-ouest, massif de sapins assez complet, sauf quelques clairières dues à la violence du vent d'ouest, formé d'arbres d'âges divers. Sapins d'âge moyen au-dessous de la crête, perchis un peu plus bas, arbres d'assez fortes dimensions à la limite inférieure. A l'exposition sud-est, peuplement assez complet dans son ensemble, composé de bois d'âges divers, les plus gros avoi-inant la route, le tout coupé par deux bancs de roches transversales dont les fissures sont garnies de coudriers et de buis. Végétation généralement bonne, sauf quelques parties maigres vers le sommet et l'emplacement occupé par les bandes de roc pur.
R	*Pedrou.*	28.54.70	Pente escarpée avec saillies de roches, donnant naissance à des excavations profondes. Terrain d'un accès difficile.	Sud-ouest.	Sol frais et fertile, partout où existe une couche suffisante de terre végétale, mais en général peu profond, avec roches en saillie. Mousses et gazon à la surface.	Peuplement incomplet à cause de l'état rocheux du sol, renfermant un assez grand nombre de sapins, mûrs ou d'âge moyen. En s'élevant vers le sommet de la parcelle, le vide s'accentue et finit par devenir complet sur 5 ou 6 hectares, où ne croissent plus que des coudriers et des buis. Végétation vigoureuse dans le bas de la parcelle, se ralentissant à mesure que le sol s'appauvrit.
S	*Les Racounades.*	47.94.01	Pente raide.	Sud.	Sol fertile bien que rocheux, ne s'appauvrissant que vers la crête. Mousses et gazon par places.	Beau massif jardiné constitué par des sapins d'âges divers, dont quelques-uns atteignent déjà de fortes dimensions. Peuplement complet jusque dans le voisinage de la crête où il s'éclaircit et laisse à découvert, sur 3 ou 4 hectares, un sol rocheux qu'envahissent les coudriers, les buis et les houx.
T	*Jasses (plantations).*	5.07.07	Plateau presque horizontal, avec de légères ondulations.	En plaine.	Sol frais, assez profond, mais humide par places, à cause de la	Ancien vide repeuplé artificiellement, depuis environ trente ans, au moyen de plants de basse tige de pin sylvestre, sapin et épicéa. Les pins ont pris un développement
	A reporter . . .	499.77.48				

LETTRE désignant LA PARCELLE	NOM DE LA PARCELLE.	CONTENANCE.	SITUATION.	EXPOSITION	SOL.	DESCRIPTION DU PEUPLEMENT.
	Report . . .	H. A. C. 499.77.48			couche d'argile sous-jacente.	rapide, mais ont été en partie brisés par l'action du vent et le poids des neiges, en partie coupés pour dégager les sous-bois; les sapins ont langui à cause de l'humidité du sol; seuls les épicéas ont donné des résultats satisfaisants. Bien que la plantation ait eu fort à souffrir des atteintes du bétail, les deux tiers du terrain peuvent être considérés comme regarnis. Végétation assez bonne dans son ensemble.
U	Les Crémadisses.	33.38.89	Pente raide aboutissant à un plateau ondulé.	Ouest et sud-ouest.	Sol de fertilité inégale : excellent au bas de la parcelle, fertile sur le plateau et sur quelques points du versant; partout ailleurs pierreux, maigre, couvert de débris de roches moussues.	Peuplement de sapins d'une consistance très-inégale : sur le plateau, jennes bois recouvrant de nombreux semis; au bas de la parcelle, très-belle futaie de tous âges avec un assez grand nombre d'arbres mûrs : sur le versant, massif fort incomplet et consistant tantôt en sapins serrés par bouquets, tantôt en arbres épars qui disparaissent pour faire place à des broussailles de coudriers et de buis, du milieu desquelles émergent de loin en loin quelques rares sapineaux. Les vides, les clairières occupent près de moitié de la parcelle. Végétation variable, très-belle au bas de la parcelle, assez belle sur le plateau, passable ou médiocre sur le versant.
V	La Millasse.	30.89.89	Pente escarpée, partant d'une crête rocheuse qui s'étend de l'ouest à l'est, et descend au fond d'une combe. Elle détermine en s'arrondissant le plateau appelé Ségalas.	Nord.	Sol rocheux dépourvu de terre végétale sur de nombreuses places, devient fertile sur le plateau de Ségalas, et excellent dans le fond de la combe.	Massif de sapins très-incomplet, ne formant pas la moitié d'un peuplement normal. Dans les parties rocheuses, bouquets ou arbres isolés au milieu de coudriers, de buis, d'arbustes d'essences diverses, ces sapins sont plus ou moins vigoureux selon l'état du sol : on remarque de beaux dans le voisinage de la combe. Les jeunes semis résineux sont très-clairs, des coupes excessives imprudemment conduites ayant enlevé une grande partie des porte-graines qu'il importait de laisser sur pied. Le plateau de Ségalas est presque partout bien peuplé, mais en jeunes sapins,
	A reporter. .	563.56.26				

18

LETTRE désignant LA PARCELLE.	NOM DE LA PARCELLE.	CONTENANCE.	SITUATION.	EXPOSITION.	SOL.	DESCRIPTION DU PEUPLEMENT.
	Report . . .	H. A. C. 563.56.26				tous les vieux ont été extraits. Végétation très-inégale, comme l'état du sol.
X	*Sarrat de Jeangros et Petiteille.*	27.45.53	Étroit plateau aboutissant à une pente tantôt douce et tantôt raide.	Sud et sud-ouest.	Sol de consistance inégale, généralement rocheux et recouvert de pierres éparses.	Massif de sapins généralement jeune ou d'âge moyen, beaucoup trop clair dans son ensemble, un peu plus serré sur le plateau. Le sol mis à découvert a été envahi par un réseau de coudriers, de buis, de houx et de ronces, qui étouffent les semis naturels et restent seuls en possession du sol sur 1 hectare 50 ares d'étendue. Végétation assez bonne, mais entravée par le vent du sud-ouest.
Y	*Jasse grande.*	22.30.46	Combe à pente assez douce, couronnée d'un étroit plateau.	Massif à tous les aspects, principalement au nord et au sud.	Sol généralement frais et fertile, sauf à l'exposition de l'est, où il devient rocheux.	Massif de sapins assez complet, malgré quelques clairières dues au pâturage, formé de jeunes bois bien venant avec quelques arbres d'âge plus avancé disséminés dans la parcelle sur 1 hectare 50 ares environ; les sapins s'espacent largement et les morts-bois prennent possession du terrain. Bonne végétation.
Z	*Jasse petite.*	21.89.01	Terrain très-tourmenté. Combe à inclinaisons tantôt faibles, tantôt rapides, se rapprochant de la verticale dans les rochers à l'est.	Massif à tous les aspects, principalement exposé au nord, au nord-ouest et à l'est.	Bon sol frais et fertile, sauf sur environ 3 hectares de roches nues.	Peuplement de sapins de consistance très-variable, presque nul sur 4 à 5 hectares de roches nues; sur le surplus de la parcelle, des perchis et gaulis serrés et bien venant alternent avec de jeunes futaies trop claires mais vigoureuses; de loin en loin, quelques grands sapins d'une belle venue. Morts-bois envahissent le sol sur les places trop claires. Belle végétation sur plus des trois quarts de la parcelle.
AA	*Las Cabirolles.*	24.46.93	Pente rapide.	Nord et est.	Rocheux sur les crêtes, frais et substantiel partout ailleurs.	Massif de sapins complet et bien venant, où dominent les bois d'âge moyen, s'éclaircissant dans le voisinage de la crête supérieure, où les bois sont plus jeunes. Végétation vigoureuse, sauf sur les crêtes.
	A reporter . . .	659.68.19				

LETTRE désignant LA PARCELLE.	NOM DE LA PARCELLE.	CONTENANCE.	SITUATION.	EXPOSITION.	SÓL.	DESCRIPTION DU PEUPLEMENT.
	Report . . .	H. A. C. 659.68.19				
BB	Sarrat Crémat et fount de la Gasse.	18.40.36	Pente raide.	Nord-ouest.	Sol tantôt frais et fertile, tantôt pierreux ou formé d'éboulis de ,rochers.	Peuplement de sapins dont la consistance est très-inégale. Sur la crête, le haut du versant, le long de la forêt de Sainte-Colombe, sapins très-espacés, la plupart d'âge moyen, sur un sol complétement envahi par les morts-bois. Au-dessous, futaie jardinée trop claire, mais jeune et bien venant. Dans le bas, perchis et gaulis complets et vigoureux. Végétation tantôt belle, tantôt ralentie suivant l'état du sol.
CC	Sarrat del Fer.	38.79.04	Etroit plateau suivi d'un versant escarpé qui donne naissance à une combe profonde, puis se relève brusquement et aboutit à une crête de rochers presque verticale.	Nord-ouest.	Sol fertile sur le plateau, excellent dans la Combe, bon encore par toches sur le versant, mais entrecoupé de roches nombreuses.	Peuplement de sapins très-inégal. Dans le haut, jeune futaie assez complète; dans le voisinage de la crête, perchis et gaulis complets et bien venant, avec quelques bois plus vieux en mélange; sur la pente existent encore quelques beaux bouquets de jeunes futaies, mais vides considérables créés par des exploitations excessives et mal dirigées; de loin en loin, quelques sapins croissant au milieu des buis, des coudriers et des houx. Cependant les repeuplements naturels tendent à reprendre possession du sol et s'affirment sur beaucoup de points. Végétation vigoureuse partout où la terre végétale ne fait pas défaut.
DD	Bac-Nègre.	13.24.10	Pente raide.	Nord et ouest.	Roches alternant avec de bonnes veines de terrain, fertile dans le bas, sauf à l'exposition ouest, où le roc se montre à nu.	Dans le haut de la parcelle, le peuplement consiste en sapins d'âge moyen épars au milieu de roches couvertes de morts-bois, d'où émergent de jeunes sapineaux; dans le bas, le massif se forme et constitue un rideau de jeunes perches serrées, élancées, qui s'élargit sensiblement à l'extrémité du canton exposée au nord. La bande étroite qui termine la parcelle à l'exposition de l'ouest ne renferme que quelques jeunes arbres fort clairs, entourés de buis et de coudriers. Végétation vigoureuse partout où le roc n'affleure pas.
	A reporter. . .	730.11.69				

LETTRE désignant LA PARCELLE	NOM DE LA PARCELLE.	CONTENANCE.	SITUATION.	EXPOSITION.	SOL.	DESCRIPTION DU PEUPLEMENT.
		H. A. C.				
	Report . . .	730.44.69				Peuplement de sapins qui change fréquemment d'aspect. Tantôt il consiste en un massif d'âges divers, serré et bien-venant, surtout à la base de la parcelle ; tantôt il se réduit à quelques arbres épars au milieu des roches ; ailleurs il se présente à l'état de coupe d'ensemencement. Partout où le sol a été découvert, il s'est développé un réseau inextricable de coudriers, de buis, houx, ronces, morts-bois de toutes sortes, qui étouffent les semis résineux et occupent près du tiers de la parcelle. Végétation pauvre, où les rochers s'a-moncèlent ; bonne partout ailleurs ; très-bonne même sur quelques points.
EE	Tounillou.	46.46.73	Mamelon à in-clinaisons rapides, aboutissant à un étroit plateau. Ter-rain tourmenté.	Nord, est, ouest.	Sol pierreux, cou-vert d'éboulis de ro-ches, avec quelques bonnes veines de terre végétale.	
FF	La Serre et Millassade.	25.09.26	Pente assez raide.	Sud-est.	Sol généralement frais et fertile, un peu mai-gre à la crête, humide sur quelques places ar-gileuses.	Ancien vide repeuplé artificiellement au moyen de plan-tations par bouquets de pins sylvestres, pins de lord Wey-mouth, mélèzes, épicéas, âgés de 25 à 30 ans. Taches de coudriers, bouleaux, aulnes, frênes, venus spontanément sur plusieurs points et notamment dans la partie supérieure de la parcelle, jeunes sapins de bonne croissance provenant de semis naturels, dénotant que cette essence pourrait prendre possession du sol malgré son climat un peu chaud. Végétation généralement bonne pour les essences appro-priées au sol.
GG	Soula de Bareillo.	18.51.53	Pente rapide.	Sud-est.	Sol rocheux, et mai-gre dans le haut de la parcelle, frais aux abords du ruisseau Ma-lart, assez bon d'ensem-ble.	Repeuplement artificiel, âgé de 45 à 25 ans, formé d'es-sences diverses, parmi lesquelles domine le pin sylvestre, très-clairièré d'ailleurs, en mélange avec des épicéas de chétif aspect, des pins de lord Weymouth, des mélèzes, des frênes. Taches de jeunes sapins venus spontanément et du meilleur aspect. Végétation satisfaisante pour les essences appropriés au sol.
	A reporter. . .	790.49.23				

LETTRE désignant LA PARCELLE.	NOM DE LA PARCELLE.	CONTENANCE.	SITUATION	EXPOSITION.	SOL.	DESCRIPTION DU PEUPLEMENT.
		H. A. C.				
	Report . . .	790.49.28				Mélange confus d'essences diverses ne recouvrant qu'imparfaitement le sol, les unes plantées de main d'homme, les autres venues spontanément et toutes encore jeunes. Les premières consistent en épicéas, mélèzes, pins sylvestres, pins de lord Weymouth, frênes, formant un massif assez serré vers la crête et des bouquets plus ou moins serrés sur le versant. La végétation spontanée est formée de jeunes chênes, bouleaux, hêtres, coudriers, de 30 à 40 ans. Vers le bas quelques beaux bouquets de sapins d'environ 40 ans. Bonne végétation.
HH	Le Crémade.	29.65.80	Pente raide.	Sud.	Sol frais et fertile en général.	
II	Soula de l'Oiseau.	38.52.43	Pente raide.	Sud-est et nord-oust.	Sol d'assez bonne qualité, quoique rocheux sur un grand nombre de points.	Parcelle très-diversement peuplée. À l'ouest, du sommet à la base, taillis de chêne pur, de croissance un peu lente, âgé pour moitié de 40 ans, et pour moitié de 20 ans, où quelques sapineaux commencent à se montrer. En longeant la crête de l'ouest à l'est, fourré de chênes, hêtres, bouleaux, sapins, suivi d'une plantations d'épicéas et mélèzes bien réussie, âgée de 20 ans environ. Au-dessous, environ 3 hectares de pins sylvestres plantés de main d'homme presque détruits par le vent et la neige. Vers le centre de la parcelle, plantations assez serrées de mélèzes et pins de lord Weymouth; sur le restant et jusqu'au ruisseau Malart, broussailles de chêne assez drues, entrecoupées de bouquets de sapins bien venant de 30 à 50 ans. Bonne végétation.
JJ	Soula de l'Espine.	20.94.49	Pente raide.	Sud.	Sol formé d'un mélange d'argile et de calcaire schisteux et de fertilité variable ; bois par places, médiocre là où le roc affleure.	Taillis de chêne de consistance moyenne, de croissance un peu lente, formé de rejets de souches, âgés de 48 à 24 ans environ, au milieu desquels se montrent quelques sapineaux augmentant en nombre à mesure qu'on s'élève. À la crête, le chêne disparaît et fait place à un massif de pins sylvestres plantés de main d'homme. Végétation passable.
	A reporter. .	879.31.35				

17

LETTRE désignant LA PARCELLE.	NOM DE LA PARCELLE.	CONTENANCE.	SITUATION.	EXPOSITION.	SOL.	DESCRIPTION DU PEUPLEMENT.
	Report . . .	H. A. C. 879.81.35				
LL	Malart.	31.77.42	Pente très-roide.	Nord et sud.	Sol rocheux mais dont le sapin s'accommode bien.	Canton exploité à outrance et pacagé sans mesure, où le massif résineux a partout été détruit. Il n'y existe que des sapins clair plantés, irrégulièrement espacés et jeunes encore. L'accès de la lumière sur le sol et le découvert ont provoqué le développement d'une masse compacte de morts-bois, buis, coudriers, épines, ronces, parmi lesquels naissent des sapins qui reprendraient vite possession du sol si des soins intelligents les débarrassaient des broussailles qui les étiolent. Végétation naturellement bonne.
	Total général. . .	914.08.77				

CHAPITRE III.

Du traitement actuel de la forêt.

Avant de songer à soumettre une forêt quelconque à un nouveau traitement, il convient d'examiner, au préalable, celui qui lui est appliqué, afin de connaître les avantages ou les inconvénients qu'il peut présenter.

La prudence commande, en effet, d'éviter les modifications radicales dont la nécessité ne serait pas suffisamment établie, d'autant mieux que, dans la plupart des cas, on ne parvient pas à substituer un régime à un autre, sans faire subir à la production en argent un ralentissement qui peut être considérable.

Pour ce qui concerne la forêt de Bélesta, nous constatons tout d'abord que jamais, jusqu'à ce jour, elle n'a été soumise à un aménagement régulier, ni à aucun plan d'exploitation méthodique. On y a, de tout temps, jardiné à l'aventure, sans ordre préconçu, abattant, chaque année, un nombre de sapins plus ou moins considérable, tantôt sur un point, tantôt sur un autre. L'unique condition imposée paraît avoir été la nécessité de réaliser la somme d'argent annuellement arrêtée par les différents propriétaires entre les mains desquels cet immeuble a successivement passé.

La possibilité de la forêt, ou la détermination précise du matériel ligneux qu'elle peut périodiquement produire, n'a jamais fait l'objet d'une étude sérieuse.

Des comptages généraux ont été, il est vrai, effectués à plusieurs reprises, mais on s'est contenté, chaque fois, d'établir le nombre des arbres sur pied ayant des dimensions déterminées, sans dégager, de cette donnée première, les conséquences rationnelles et pratiques qu'on pouvait en déduire.

D'un autre côté, en dehors des sapins annuellement mis en adjudication et qualifiés arbres d'assiette, la coutume s'est introduite d'extraire et de vendre une quantité souvent considérable de jeunes perches déclarées défectueuses, à tort ou à raison, mais qu'en tout cas il eût été souvent beaucoup plus sage de conserver sur pied dans l'intérêt du peuplement. On donne à ces perches, nous ne savons pourquoi, la dénomination impropre de chablis, alors qu'en langage forestier un chablis n'est autre chose qu'un arbre déraciné par l'effort du vent.

Quoi qu'il en soit, le produit de ces perches paraît avoir été spécialement destiné à couvrir les frais considérables qui grèvent la forêt.

A défaut d'une possibilité fixe et rationnelle, on a ainsi adopté deux possibilités de pure convention, variant d'une année à l'autre, suivant en quelque sorte une marche parallèle, mais néanmoins concourant l'une et l'autre à un seul et unique but : l'appauvrissement du matériel exploitable.

En un mot, on a procédé comme un particulier possesseur d'un capital argent qui prétendrait en taxer le revenu, non d'après le taux de la rente, mais d'après ses besoins plus ou moins nombreux. En pareil cas, si les besoins à satisfaire dépassent la rente que le capital est susceptible de fournir, celui-ci décroît fatalement d'une année à l'autre, et la ruine du propriétaire n'est plus qu'une question de temps.

Or, qu'est-ce qu'une forêt, sinon un capital comme un autre, auquel on ne saurait demander impunément un revenu plus élevé que ne le comporte sa force de production?

Voilà pourquoi, quelque régime qu'on adopte, à quelque mode d'aménagement qu'on s'arrête, la fixation de la possibilité, si délicate qu'elle soit, est toujours une question qu'il faut aborder résolûment, étudier avec soin et résoudre avec prudence.

C'est malheureusement ce qu'on a toujours différé de faire pour Bélesta. Si nous y insistons, ce n'est pas, il s'en faut, dans un but d'oiseuse critique; nous n'avons point à nous constituer les juges du passé, mais force nous est cependant de constater ce qui a été fait jusqu'à ce jour, afin de mettre en lumière les conséquences qui en découlent.

Ces conséquences, l'empreinte en est marquée dans la forêt; l'œil du forestier les y saisit à première vue. En parcourant les divers cantons, on remarque tout de suite qu'ils ne contiennent plus le nombre de grands arbres que comporterait leur étendue, que certaines classes d'âges sont à peine représentées; que les morts-bois menacent de se substituer au sapin dans les parties rocheuses; que les crêtes battues par les vents se dégarnissent beaucoup trop; en un mot, que le vieux matériel décroît d'une façon alarmante. On peut d'ailleurs, si étranger qu'on soit aux questions de cette nature, s'en faire une idée exacte, en parcourant les tableaux placés à la suite de notre rapport et où le dénombrement de la forêt est donné par catégories de diamètres. Ces chiffres ont leur éloquence; ils montrent avec quelle rapidité décroît le nombre des sapins sur pied, à mesure que leurs dimensions augmentent.

Dès à présent, nous pouvons affirmer que la possibilité de la forêt a été largement dépassée. La suite de notre travail le prouvera surabondamment. En outre, le choix des arbres à enlever n'a pas toujours été fait avec tout le discernement qu'il comporte. Ce dernier fait, nous devons le dire, n'est pas un reproche dirigé contre les hommes auxquels incombait le soin d'exécuter les opérations de martelage. Mis en demeure d'abattre périodiquement un nombre d'arbres excessif, comment auraient-ils pu, si habiles qu'on les suppose, ne s'écarter jamais des règles que la sylviculture a prescrit d'observer dans l'exploitation des coupes jardinatoires ?

Une forêt située dans des conditions naturelles moins favorables, une de celles qui croissent sur le granit pur, comme on en compte tant dans le département de l'Ariége, n'aurait pu supporter un pareil traitement; on l'aurait ruinée de fond en comble, en la surmenant de la sorte.

Si la forêt de Bélesta a pu y résister, elle le doit, avant tout, à la qualité du sol, à la facilité avec laquelle les semis naturels y naissent et se développent. Grâce à ces conditions exceptionnelles, le mal est beaucoup moins grave qu'il n'eût été ailleurs; le vieux matériel a seul été atteint et la forêt renferme assez de jeunes bois, de belle venue, pour assurer sa restauration. L'avenir est donc intact, mais à une condition, c'est qu'on voudra bien accepter les conséquences du fait accompli, telles qu'elles s'imposent; et ne plus demander au matériel actuellement exploitable plus qu'il ne lui est possible de fournir.

Telles étaient nos premières impressions, celles que nous avons exprimées, dès le début, aux représentants de la Société; une étude approfondie n'a fait, on le voit, que les confirmer.

En résumé l'état actuel des choses ne peut être maintenu; c'est un point hors de doute. Nous sommes donc tout naturellement amenés à examiner dans quelle mesure il convient de le modifier, pour parvenir à réaliser la formule fondamentale de l'économie forestière :

Production soutenue, régénération naturelle, amélioration progressive.

C'est cet examen qui fera l'objet des chapitres qui suivent.

CHAPITRE IV.

Choix du régime à adopter.

Chacun sait que le sapin, à quelque âge qu'on le coupe, ne pousse pas de rejet de souche et que, pour ce motif, il est matériellement impossible de l'exploiter en taillis simple ou composé. Le régime de la futaie est donc le seul qui lui soit applicable. Or, ce régime comporte deux modes différents, entre lesquels nous avons à faire un choix : l'un est celui du réensemencement naturel et des éclaircies; l'autre est le jardinage.

Examinons d'abord en quoi consiste essentiellement chacune de ces deux méthodes.

Dans la première, les coupes principales, destinées à régénérer successivement toute la forêt par voie de semis naturels, sont concentrées, chaque année, sur un point déterminé, se suivent de proche en proche dans un ordre régulier, enlevant tous les bois mûrs après qu'ils ont donné naissance à des semis naturels assez complets pour régénérer le sol, assez vigoureux pour se passer d'abri. En même temps, des coupes d'amélioration parcourent périodiquement le surplus de la forêt et font disparaître, sous forme d'éclaircie, les bois surabondants. Nous n'entrerons pas dans le détail des opérations que commande l'emploi de cette méthode : nous nous bornerons à dire qu'elle a pour effet de graduer de telle sorte les massifs en exploitation que, d'un bout à l'autre de la forêt, les bois de différents âges succèdent les uns aux autres et croissent à l'état serré, sans jamais s'entraver mutuellement. Les coupes principales, limitées à des espaces restreints, sont d'une exploitation commode, d'une surveillance facile. Enfin, des procédés simples et sûrs permettent de déterminer, avec une approximation suffisante, la possibilité de la forêt, possibilité qui d'ailleurs est vérifiée à l'expiration de chacune des périodes qui divisent la révolution adoptée.

Quant au jardinage, il consiste à enlever ça et là les arbres les plus vieux, les bois dépérissants, viciés ou secs et d'autres en bon état de croissance, mais qui sont réclamés par le commerce ou la consommation locale. Dans ce mode d'exploitation, on a pour principe de ne jamais prendre que très-peu d'arbres à la fois sur le même point, et d'étendre le furetage autant que possible. Il résulte de cette manière de procéder que la forêt présente, sur tous les points, des bois confusément mêlés, et que les arbres qui ont le plus de grosseur et d'élévation gênent ceux qui se trouvent immédiatement sous leur couvert et en ralentissent la végétation. Il en résulte encore que, s'élevant pour ainsi dire par échelons, ils ne peuvent se soutenir mutuellement et ne présentent pas assez de résistance aux coups de vent et à la pression de la neige ou du givre.

Ce simple exposé montre qu'en principe la méthode de réensemencement naturel et des éclaircies doit être considérée comme bien supérieure à celle du jardinage. C'est en effet l'opinion qu'ont émise les écrivains forestiers les plus autorisés, celle qui a été professée dans toutes les chaires d'économie forestière.

Il semblerait que, dès lors, nous n'avons pas à hésiter sur le choix du régime applicable à la forêt de Bélesta, et qu'il ne nous reste plus qu'à y substituer, sans retard, la première méthode à la seconde.

Peut-être serions nous tentés de procéder de la sorte si nous étions en présence d'une forêt appartenant au domaine de l'État; mais, en égard aux conditions dans lesquelles se trouve placée la propriété que nous aménageons, nous sommes persuadés que, tout bien considéré, le parti le plus sage, le seul vraiment pratique, est encore d'y maintenir le mode jardinatoire, sauf toutefois à user désormais, dans son application, des ménagements que la prudence conseille et que l'expérience nous enseigne.

La question est assez importante pour que nous jugions indispensable d'entrer à ce sujet dans quelques détails, et de bien préciser les motifs sur lesquels nous nous appuyons.

Et d'abord, le jardinage, longtemps considéré comme un procédé d'exploitation suranné, bon à conserver tout au plus dans certaines circonstances tout à fait exceptionnelles, n'est plus envisagé aujourd'hui d'une manière aussi défavorable par les hommes les plus compétents. Sans se dissimuler certains inconvénients de cette méthode, les aménagistes, qui ont observé attentivement la marche de la végétation ligneuse dans les pays de montagne, se demandent si le jardinage n'est pas, à tout prendre, le moyen le plus simple et le plus sûr d'y conserver et d'y perpétuer les massifs résineux dont le tempérament s'accommode d'un couvert prolongé. Ils citent à ce propos, un exemple concluant, celui des magnifiques sapinières du Jura, les plus belles que la France possède et où le jardinage a, de tout temps, été maintenu par d'habiles praticiens. Nous citerons ici ce que dit, de quelques-unes de ces sapinières, un savant professeur :

« Le jardinage est donc un mode de traitement simple et de facile application. Les forêts du Mont-de-la-Croix et de la Fuvelle, séparées par une cluse étroite qui livre passage à la rivière du Doubs, à 20 kilomètres au-dessus de Pontarlier, sont au nombre de nos plus belles sapinières. Situées à 900 mètres au-dessus du niveau de la mer, reposant sur un sol formé principalement de blocs calcaires entrecoupés de fentes verticales appelées *lazines,* ces forêts ont toujours été jardinées, mais avec modération, jusque vers l'année 1840. Les épicéas et les sapins que nous y exploitons proviennent donc du jardinage; ce sont néanmoins de beaux et bons arbres qui donnent des sciages de première qualité. La production annuelle du massif complet est là de 6 mètres cubes environ par hectare, dont 5 mètres cubes de bois d'œuvre; ce qui, au prix actuel, correspond à un revenu de 150 francs par an. » (M. C. BROILLIARD, inspecteur des forêts, professeur à l'école forestière; *Revue des Deux-Mondes,* 15 avril 1876.)

Quiconque connaît bien la forêt de Bélesta sera frappé des analogies de sol et de climat qu'elle présente avec celles dont parle M. Broilliard et songera, non sans regrets, à ce qu'elle rapporterait aujourd'hui, si elle avait été traitée avec les mêmes soins.

En fait, il s'est produit, depuis quelques années, en faveur du jardinage appliqué aux forêts de montagne peuplées en résineux, à feuillage épais, une sorte de réaction qui n'est pas l'effet d'un engouement passager mais qui durera, parce qu'elle a pour cause une juste et intelligente observation des faits.

Aux considérations d'ordre général que nous venons d'invoquer, il convient d'en ajouter d'autres qui sont toutes locales, mais dont il n'est pas permis de méconnaître l'importance.

Les opérations qu'entraîne la méthode du réensemencement naturel et des éclaircies, coupes d'ensemencement, coupes secondaires, coupes définitives, coupes d'éclaircie, sont de leur nature passablement délicates, et il y aurait péril à en confier le soin à des mains inhabiles; car une coupe mal conduite suffit parfois pour ruiner un canton. Or, dans la région des Pyrénées, si on excepte le personnel des agents forestiers, il est bien peu d'hommes qui possèdent les premières notions de cette méthode et, à un moment donné, la Société pourrait être fort embarrassée pour trouver un régisseur capable de l'appliquer avec discernement.

Nous serions désolés qu'on se trompât sur le sens de cette remarque. Nous sommes loin de prétendre que le jardinage, pour être convenablement appliqué, n'exige pas des connaissances spéciales, de l'expérience et du coup d'œil ; nous constatons simplement que les opérations dont il amène l'emploi sont moins inconnues dans le pays que celles qui se rattachent à la méthode du réensemencement et des éclaircies.

Enfin, et c'est par là que nous terminons, la forêt de Bélesta est actuellement d'un bout à l'autre à l'état jardinatoire, et ce n'est pas du jour au lendemain qu'on transformerait son régime. Les exploitations de conversion sont chose peu facile, nécessitent des résolutions transitoires plus ou moins longues, imposent souvent au propriétaire de lourds sacrifices; tantôt ce sont de jeunes bois à abattre avant le terme; tantôt ce sont de vieux massifs à laisser sur pied, après qu'ils ont atteint et dépassé le terme de leur exploitabilité. Serait-il prudent de pousser la Société dans cette voie ? Nous ne le pensons pas.

Donc, le régime du jardinage doit être conservé dans la forêt de Bélesta.

CHAPITRE V.

Division de la forêt en séries.

On entend par *série* une partie de forêt considérée comme un tout séparé, indépendant, destiné à être soumis à un plan spécial d'exploitation et à fournir, par conséquent, des produits annuels.

La division de la forêt de Bélesta en séries est une opération rigoureusement commandée, qui s'impose d'elle-même. En voici les motifs.

En premier lieu, la majeure partie des terrains situés sur le territoire de Fougax, désignés sous le nom de Palauty et Malart, sont, sous le rapport de leur peuplement actuel, hors d'état d'être soumis au même régime que la grande masse, d'où la nécessité de les classer à part;

En second lieu, la grande masse doit être traitée sous forme jardinatoire, ce qui implique l'obligation d'y étendre les coupes annuelles sur de larges espaces, afin que la masse entière soit parcourue en un temps très-court. Ces coupes peuvent être d'une exécution embarrassante pour des opérateurs peu familiarisés avec le maniement d'un parcellaire. En outre, plus elles seront vastes, plus il sera malaisé d'en surveiller l'exploitation et la vidange, sans compter que le commerce ne s'accommode pas toujours volontiers de lots dont les arbres sont disséminés sur des surfaces considérables.

Or, si nous subdivisons la grande masse en deux parties complétement distinctes, que nous traiterons par les mêmes procédés, mais que nous considérerons comme étant chacune une forêt particulière, indépendante de l'autre, n'est-il pas évident, qu'au lieu d'une très-grande coupe d'exécution difficile, nous en aurons deux beaucoup plus commodes à marteler, à vendre et à exploiter?

Autre avantage, qui n'est pas à dédaigner :

Les bois de Bélesta n'ont pas partout une valeur identique. Leur prix varie suivant que l'exploitation est plus ou moins aisée, la vidange plus ou moins coûteuse, les dimensions des pièces plus ou moins fortes. Une coupe unique, dont le volume annuel doit demeurer constant, pourra donner un revenu très-inégal; tandis que si on opère simultanément sur deux séries différentes, il devra s'établir une certaine compensation dans les produits; et sans poursuivre dans le rapport soutenu une égalité complète qui n'est pas réalisable, on parviendra, tout au moins, à éviter des écarts trop brusques dans le revenu périodique de la forêt.

Nous avons, en conséquence, constitué trois séries distinctes, formées : la première, des terrains au nord du chemin de grande communication; la deuxième, des massifs de sapins placés au sud du même chemin; la troisième, des terrains annexés à la forêt sous les noms de Palauty et Malart; mais toutefois en comprenant dans la deuxième série ceux de ces terrains qui font corps avec elle et sont déjà assez bien peuplés en sapins pour qu'on puisse les soumettre, dès à présent, au même traitement que la grande masse.

Cette division, très-naturelle au point de vue de la disposition des lieux, est résumée dans le tableau ci-après :

(Voir à la page suivante le tableau des séries).

4

TABLEAU DES SÉRIES.

DÉSIGNATION des PARCELLES.	CANTONS ET PARCELLES COMPRIS DANS CHAQUE SÉRIE.		PARCELLES.	CONTENANCE des PARCELLES.	CONTENANCE des SÉRIES.
	CANTONS.				
				H. A. C.	H. A. C.
1ʳᵉ SÉRIE dite **SÉRIE DU NORD.**	Pla del Frèche et Soula du Gélat.	O		32.01.58	
	Caügne de Pansou.	P		19.11.42	
	Pierre petite et Clot de las Courbes.	Q		33.87.53	
	Pedrou.	R		28.54.70	
	Les Racounades.	S		17.24.01	
	Jasses plantations.	T		5.07.07	
	Les Crémadisses.	U		33.38.89	
	La Millasse.	V		30.39.89	382.67.27
	Sarrat de Jeangros et Petiteille.	X		27.45.53	
	Jasse grande.	Y		22.30.46	
	Jasse petite.	Z		21.89.04	
	Las Cabirolles.	AA		24.46.93	
	Sarrat crémat et fount de la Gasse.	BB		18.40.36	
	Sarrat del fer.	CC		38.79.04	
	Bec-nègre.	DD		13.24.10	
	Tounillou.	EE		16.46.75	
2ᵉ SÉRIE dite **SÉRIE DU SUD.**	Les Saouzes.	A		29.29.50	
	Pastural, col del Serié.	B		28.06.57	
	Pastural, fonnt des Agréous.	C		29.78.83	
	Fount de l'Estiou.	D		41.86.64	
	Les Coumels.	E		38.14.34	
	Rives du Ponil.	F		15.27.11	
	Fount de Labatut.	G		5.66.24	
	Tarbouriech et Picou.	H		32.14.51	363.91.47
	Carbounier rouge et bac de Lalibert.	I		28.19.31	
	Les Mandratières.	J		8.85.32	
	Pinet, fount des Loups.	K		39.59.57	
	Pinet.	L		38.14.99	
	La Caousine.	M		25.59.47	
	Canalot de Soury.	N		3.28.77	
3ᵉ SÉRIE dite **DE PALAUTY ET MALART.**	La Serre et Millassade.	FF		25.09.26	
	Soula de Burcillo.	GG		18.54.53	
	La Crémade.	HH		29.65.80	164.50.33
	Soula de l'Oiseau.	II		38.52.43	
	Soula de l'Espine.	JJ		20.94.49	
	Malart.	LL		31.77.42	
	TOTAL DES TROIS SÉRIES				911.08.77

CHAPITRE VI.

PREMIÈRE SÉRIE OU SÉRIE DU NORD.

I. — Traitement.

Les exploitations annuelles devront faire disparaître tout d'abord les arbres secs, viciés ou dépérissants qu'on rencontrera dans chaque parcelle et qui, d'ailleurs, ne sont pas nombreux dans l'ensemble de la série. Le seul défaut qu'on y remarque de loin en loin est la présence, sur quelques jeunes arbres, d'un champignon parasite *Æcidium elatinum*. Les rameaux qu'il envahit donnent naissance à de petites touffes très-serrées, arrondies, faciles à distinguer, qui ont une certaine ressemblance avec celles du gui et que les bûcherons des Vosges désignent sous le nom de Balai de Sorcier. Si cette végétation parasite s'attaque au corps de l'arbre, elle engendre le vice connu dans les sapinières sous le nom de Chaudron. Or, le sapin chaudronné est exposé à se rompre sous l'effort du vent ou à se briser lors de l'abatage; on fera donc bien, en·règle générale, de comprendre dans l'exploitation tous ceux qui sont atteints de ce vice.

Quant aux arbres sains à exploiter, on les choisira de manière à créer ou à conserver toujours et partout l'état jardiné, c'est-à-dire le mélange de bois de tous les âges, sans régulariser jamais les massifs sur de grandes surfaces. Là où cette régularité existe déjà dans des peuplements de quelque étendue, il faudra la rompre et porter résolûment la cognée dans ces peuplements, fussent-ils relativement jeunes. Si, au lieu de procéder comme nous le prescrivons, on s'attachait à enlever sur un point donné tantôt tous les arbres dominés, tantôt tous les arbres dominant, on ferait une opération bonne peut-être en elle-même, mais regrettable néanmoins en ce qu'elle irait à l'encontre du but que nous nous proposons d'atteindre, le maintien du jardinage, et on ne ferait que créer des obstacles à l'application de cette méthode. Or, lorsqu'un plan d'aménagement est une fois adopté, il ne faut pas que les agents chargés de l'appliquer prétendent substituer leurs appréciations personnelles à celles qui ont guidé les auteurs du plan et les propriétaires de la forêt, et qu'ils s'obstinent à ne voir que tel ou tel point considéré isolément, sans tenir compte de l'ensemble et du résultat général auquel il s'agit de parvenir.

Hors le cas de dépérissement simultané d'un groupe de sapins, circonstance qui est peu à redouter dans la série, il faudra se garder d'ouvrir trop largement les massifs. Le principal mérite du jardinage, c'est de maintenir partout un couvert suffisant et d'assurer au sol une fraîcheur permanente très-favorable à la végétation du sapin ainsi qu'à la germination de ses semences. On se priverait de ce précieux avantage et on provoquerait une brusque évaporation, qui est toujours à redouter, si, par des coupes d'arbres trop concentrées, on donnait aux rayons solaires un large accès sur le sol. C'est en procédant ainsi qu'on a maintes fois clairièré de beaux peuplements et compromis leur existence. Pour les mêmes motifs, on doit chercher, dans la limite du possible, à atténuer les dégâts inséparables de toute exploitation, exiger que tout arbre à couper soit préalablement ébranché de bas en haut, entaillé de façon à tomber du côté où sa chute sera le moins dommageable, enlevé en ménageant les jeunes bois, autant que les circonstances le permettront.

La première série est celle où l'on rencontre le plus d'espaces clairièrés et rocheux très-incomplétement peuplés. On devra y conserver comme porte-graines les vieux sapins isolés, jusqu'à ce que leur semence ait régénéré le sol.

Enfin, sur les crêtes plus particulièrement exposées à de violents coups de vent, il faudra se garder avec plus de soin que partout ailleurs de trop desserrer les massifs, afin que les arbres se prêtant un mutuel appui soient à même de résister à la pression de l'air.

II. — Rotations.

Afin de parer à toute éventualité d'enlever en temps utile tous les arbres avancés en dépérissement, et de disséminer les exploitations sur une étendue suffisante, il faut que la série entière soit périodiquement parcourue par les coupes annuelles dans un temps suffisamment court.

On adoptera, en conséquence, une rotation de 10 années dont le terme répond à toutes les exigences culturales qui peuvent se présenter.

Chaque année, les coupes se succéderont de proche en proche, attaquant successivement les diverses parcelles dans l'ordre où elles sont inscrites aux chapitres VI et VII.

Dans chaque parcelle on commencera, lors du martelage, par marcher rapidement en espaçant largement les arbres à extraire; puis, arrivé au terme et avant d'aborder la suivante, on reviendra sur ses pas pour compléter, s'il n'est pas épuisé, le contingent qu'elle doit fournir pour la première rotation.

III. — Exploitabilité.

On définit l'exploitabilité d'un arbre, d'un bois, d'une forêt, l'état dans lequel se trouve cet arbre, ce bois, cette forêt, lorsqu'on peut retirer de son exploitation les plus grands avantages. (L. Tassy, *Etudes sur l'aménagement des forêts.*)

La fixation de l'exploitabilité est une des questions les plus complexes, les plus délicates de l'économie forestière.

Ainsi que le fait remarquer l'éminent forestier que nous venons de citer, en agriculture l'exploitabilité des fruits est indiquée d'une manière précise par leur maturité, aucun doute ne peut s'élever sur l'époque où il convient d'effectuer la récolte d'un champ de blé. Pour un bois, il n'en est pas ainsi; à un âge peu avancé, il est déjà propre à certains usages et, entre cet âge et celui de dépérissement, il est facile de concevoir une multitude de termes et d'états différents comportant autant d'exploitabilités particulières. Ajoutons que, dans la pratique, il ne suffit pas d'envisager les avantages que l'exploitation plus ou moins prochaine d'un bois est susceptible de rapporter, il faut encore se préoccuper de sa reproduction, de sa perpétuité, à moins qu'on ne se résolve à le détruire pour le reconstituer ensuite par voie de plantations ou de semis artificiels.

En outre, l'exploitabilité d'un bois n'est pas envisagée sous le même aspect par toutes les catégories de propriétaires. En pareille matière, l'Etat est tenu de prendre en considération certains motifs d'intérêt général dont un simple particulier n'a pas à tenir compte.

Ces quelques lignes suffisent pour indiquer les difficultés que présente l'étude théorique de cette question. Il serait, croyons-nous, inutile de la traiter ici dans tous ses développements, de l'envisager sur toutes ses faces et de disserter sur ce qu'on est convenu d'appeler exploitabilité absolue, relative ou composée. Nous n'avons pas à nous tenir dans le domaine de l'abstraction, mais bien à étudier le traitement qu'il convient d'appliquer à une forêt donnée. Nous nous bornerons donc à examiner quelle est l'exploitabilité préférable pour cette forêt, eu égard à son état et à la qualité de ses propriétaires.

En général, un particulier qui a fait l'acquisition d'une forêt songe à retirer du capital qu'il y a engagé le revenu-argent le plus élevé possible. L'exploitabilité qu'il cherche est celle relative à la rente la plus forte. Or, l'expérience enseigne qu'en pareil cas il y a presque toujours avantage à raccourcir la révolution des massifs, et on est conduit par le raisonnement à choisir pour terme d'exploitatabilité, s'il s'agit d'une futaie, l'âge où les bois sont susceptibles de se régénérer naturellement par les semences. Mais pour déterminer, avec une exactitude mathématique, le point précis qui correspond à une exploitabilité donnée, il faudrait des expériences qui font généralement défaut, auxquelles les forêts jardinées sont celles qui se prêtent le moins; si bien que, dans la pratique des choses, l'exploitabilité se détermine forcément, dans les futaies, par des considérations plus ou moins vagues, basées principalement sur la tradition et sur la longévité des essences.

A Bélesta, en particulier, si on voulait appliquer dans toute leur rigueur les données de la théorie pure, ne pas tenir compte de la manière dont les bois naissent, végètent, se développent, de la façon dont ils se comportent aux différentes phases successives de leur existence, on tomberait dans des conséquences déplorables, et on finirait par ne plus pouvoir exploiter que des perches de très-faible diamètre et de très-minime valeur vénale. Nous avons puisé cette conviction dans l'examen attentif d'un grand nombre de souches sur lesquelles, avec un peu d'habitude, il est facile de suivre et comparer la marche et l'accroissement des couches concentriques, à tous les âges par lesquels un arbre a passé.

C'est un fait d'expérience que, partout, le sapin croît très-lentement durant ses premières années; dans les conditions les plus favorables, ce n'est que vers 10 ans que ses rameaux se verticillent et si, longtemps encore, il peut vivre sous le couvert, il y demeure chétif et grêle, sauf à prendre un rapide essor, dès qu'il sera suffisamment dégagé. Or, à Bélesta en particulier, on est frappé de l'état stationnaire dans lequel les jeunes sapins persistent, malgré les excellentes qualités du sol. Il faut en voir la cause, d'abord dans le tempérament de l'essence, puis dans l'état de la forêt, où le couvert des vieux arbres s'étend sur les jeunes, enfin dans le parcours abusif du bétail usager. Dans les meilleurs cantons, nous avons constaté que de nombreux sapins âgés de 25 ans ne mesurent à la base que 0ᵐ02 à 0ᵐ04; à 50 ans, ils ont de 0ᵐ15 à 0ᵐ17; après quoi les couches annuelles prennent un accroissement soutenu et tellement accusé, que leur diamètre est doublé, triplé même, dans l'espace de 25 ans.

Dans de telles conditions, si la forêt qui nous occupe appartenait à l'État, nous fixerions sa révolution à 150 ans, peut-être même au-delà. Mais, demeurant la qualité des propriétaires, nous estimons que le terme de 120 est celui qu'il convient d'adopter. On n'obtiendra, avec ce terme, que peu de bois de service de très-fortes dimensions, mais on disposera d'un grand nombre d'arbres mesurant de 0ᵐ60 à 0ᵐ80 de diamètre, arbres qui sont recherchés du commerce et qui se vendent à des prix avantageux.

Avant de passer à un autre sujet, qu'on nous permette de citer un nouvel extrait de l'article de la *Revue des Deux Mondes* du 15 avril 1876, dû à la plume de M. Broilliard :

« La prévision d'une hausse inévitable du prix des bois résineux, dans un avenir prochain, doit servir de point de départ au règlement des exploitations, et la modération en sera généralement la meilleure règle. A cet égard, quel est d'abord l'intérêt des simples particuliers, propriétaires de sapinières ? Evidemment c'est de produire des bois de sciage autant que l'état et la situation des forêts le comportent. Les valeurs comparées de l'arbre de 0ᵐ30 et de l'arbre de 0ᵐ40 de diamètre suffisent à l'établir. Mais n'est-il pas avantageux d'aller plus loin ? En France où les bois ont une végétation rapide, les sapins arrivés à cette dimension prennent des accroissements soutenus, l'épaisseur de la couche annuelle varie habituellement de 2 à 3 millimètres. Là, par exemple, où l'épaisseur de l'accroissement annuel est de 2 millimètres 1/2 sur le rayon, l'arbre gagne en diamètre 1 demi-centimètre par an et 1 décimètre tous les 20 ans. En ce laps de temps il passe de 0ᵐ40 à 0ᵐ50 et il double de valeur. Il en résulte un placement à 3 °/₀. Si cet accroissement se soutient encore 20 ans, l'arbre arrive à 0ᵐ60, et il ne s'en faut pas beaucoup que la valeur soit encore une fois doublée aux prix actuels; il y a de plus les chances de hausse. En tout cas, il est certain que les propriétaires de sapins fauchent le blé en herbe, quand ils coupent des arbres bien venant d'un diamètre inférieur à 0ᵐ50; il est même probable qu'ils ont grand intérêt à les maintenir sur pied jusqu'à 0ᵐ60. Telle devrait être, pour eux, la règle fondamentale des exploitations. »

IV. — Possibilité.

Ce qu'on nomme possibilité, c'est la quantité de matières qu'on peut retirer annuellement d'une forêt, sous la condition de maintenir la production aussi constante que possible. On conçoit sans peine que, dans tout règlement d'exploitation, la fixation de la possibilité est un point d'une importance considérable. Si on l'abaisse, sans motif plausible, on se prive par là d'une partie du revenu qu'on devrait réaliser; si on la surélève imprudemment, on épuise le capital producteur. C'est pour avoir négligé l'étude de cette question qu'on a surmené, appauvri la forêt de Bélesta, et qu'on est hors d'état de lui demander aujourd'hui le produit considérable qu'on serait en droit d'en attendre, eu égard aux conditions exceptionnellement favorables dans lesquelles elle est placée.

Dans les massifs traités suivant le mode jardinatoire, la fixation de la possibilité est une opération extrêmement difficile et, jusqu'à ces derniers temps, on a été réduit, comme si le problème ne comportait pas de solution exacte, à la déterminer au moyen de procédés empiriques dont aucun forestier ne se dissimulait l'imperfection, mais auxquels tous se résignaient, faute de mieux. Tantôt on taxait arbitrairement le nombre d'arbres par hectare à exploiter chaque année (2, 3, 4, selon les cas); tantôt on déterminait la possibilité en mètres cubes, au moyen de catégories d'arbres classés par diamètres et constituant des espèces d'affectations fictives. Sans nous étendre sur les inconvénients de ces différents moyens, qu'on ne peut considérer que comme de simples expédients, nous ferons remarquer qu'ils avaient le double désavantage de ne pas réaliser le rapport soutenu, et d'entraver outre mesure la liberté d'action des agents opérateurs, lesquels se voyaient astreints à n'enlever que des arbres d'un nombre ou d'un diamètre déterminé, alors que les exigences culturales les invitaient à en exploiter d'autres.

Les études qui ont été faites en vue de substituer à ces évaluations défectueuses l'emploi d'un procédé plus rationnel et moins incommode dans la pratique ont conduit, tout récemment, à l'adoption d'une méthode beaucoup plus satisfaisante à tous égards, méthode que nous nous proposons d'employer et dont la forêt de Bélesta sera certainement la première propriété de particuliers appelée à bénéficier.

Voici comment l'exposent les agents forestiers qui l'ont formulée :

« Dans toute forêt régulière ou jardinée, comprenant des bois de tous âges, en proportion convenable, le volume du matériel continuellement sur pied représente sensiblement la moitié du volume total à exploiter en coupes principales,

pendant la durée d'une révolution ou pendant un temps égal à l'âge d'exploitabilité. Si donc on divise le volume sur pied par la moitié de cette révolution ou de
cette âge d'exploitabilité, on obtiendra une expression très-exacte de la possibilité.

« Cette méthode offre de plus le grand avantage d'établir, entre la possibilité
et le matériel sur pied, une relation directe et constante qui permet, à chaque
rotation, de se rendre un compte exact et clair de la situation; mais, surtout,
elle est la seule, à notre connaissance, qui laisse aux agents d'exécution la latitude qui leur est nécessaire pour assurer la perpétuité des massifs et créer ou
maintenir partout un état jardiné convenable, sans se préoccuper du volume ou
du diamètre des arbres. »

Il ne faut pas se dissimuler qu'à Bélesta, comme dans presque toutes les forêts
jardinées, les massifs sont loin de renfermer, dans leur état actuel, la suite
régulière et complète des bois de 1 à 120 ans. Acceptons, telle qu'elle, la
situation présente et contentons-nous d'en tirer le meilleur parti possible.

Que peut-il résulter d'ailleurs de cette irrégularité dans la répartition des
classes d'âges? Que la possibilité pourra être affectée d'une erreur au début,
erreur limitée par l'importance du diviseur employé (c'est le nombre 40) et qui
ira s'atténuant, de rotation en rotation, au fur et à mesure des révisions successives de la possibilité.

Cela posé, voici de quelle manière nous avons procédé.

Nous avons commencé par faire le dénombrement de tous les arbres de la
série à partir de 0m30, mesure prise à 1m33 du sol; le résultat de ce travail est
reproduit, sous forme d'appendice, dans les tableaux qui terminent le présent
rapport. Les hauteurs assignées aux différentes catégories de diamètres, classées
de 0m05 en 0m05, ont été établies à l'aide de moyennes fournies par de nombreuses expériences. Dans chaque catégorie, le volume de l'arbre type a été
calculé comme si sa forme était celle d'un cône régulier, puis ramené à sa con-
sistance réelle par l'emploi d'un facteur de conversion. Pour établir ce facteur,
nous avons fait abattre un certain nombre de sapins de chaque catégorie; nous
en avons calculé le cube exact en les décomposant en une succession de billons
d'un mètre de longueur. La comparaison du volume ainsi calculé et du volume
conique nous a fourni les facteurs à l'aide desquels nous avons pu passer du
volume conique au volume réel. Nous avons, en un mot, procédé de la même
manière que les commissions d'aménagement opérant dans les forêts de
l'Etat.

Dans les dénombrements de l'espèce, il faut nécessairement s'arrêter à une
limite inférieure de convention; il serait puéril de prétendre évaluer jusqu'au
brin naissant, et les cubages, poussés à cette limite extrême, donneraient des
chiffres tels qu'ils ne sauraient inspirer qu'une très-médiocre confiance. Après
mûres réflexions, nous avons adopté, pour limite inférieure, l'arbre de 0m30 de
diamètre; en opérant de la sorte, nous évitons de compliquer outre mesure les

révisions décennales qu'il faudra nécessairement effectuer, avant de passer d'une rotation à une autre. Mais le matériel inférieur à 0m30 est nombreux dans la série, il faut en tenir compte ; c'est ce que nous ferons en le considérant comme représentant la série des bois âgés de moins de 40 ans, et en réduisant en conséquence de 120 à 80 la période durant laquelle devra être exploité tout le matériel compté et classé. Sans doute, en l'état actuel des choses, il est permis de dire que les arbres de 0m30 ont sensiblement dépassé l'âge de 40 ans, mais, qu'on veuille bien le remarquer, ces arbres, pour la plupart, ont végété dans des conditions peu favorables ; le ralentissement prononcé de leur croissance, en dépit des qualités du sol, tient à des causes purement accidentelles, causes destinées à disparaître, si, comme nous nous plaisons à l'espérer, l'aménagement nouveau est appliqué avec habileté, de manière à favoriser l'essor des jeunes bois. La prudence, d'ailleurs, nous fait un devoir de nous tenir dans des limites telles, qu'au terme de la première rotation la révision du matériel ne soit pas, pour la Société, le sujet d'une déception.

Le tableau qui suit donne le résumé de nos comptages et de nos calculs. Il est dressé de manière à servir de plan spécial d'exploitation, pour la première rotation.

TABLEAU récapitulatif du volume à exploiter pendant la 1re rotation de 10 ans.

PARCELLES.	VOLUME TOTAL recensé dans CHAQUE PARCELLE	VOLUME TOTAL à réaliser pendant LA 1re ROTATION.	OBSERVATIONS.
	M. C.	M. C.	
O	3798.297	949.574	La révolution est de 120 ans ; la rotation est de 10 ans.
P	2628.682	657.170	Le volume recensé, 32870mc580, comprend tout le matériel sur pied à partir de 40 ans. Donc le matériel M à réaliser pendant la première rotation décennale, est donné par la formule :
Q	4282.547	1070.636	
R	2694.307	673.577	
S	2238.487	559.622	
T			
U	3302.422	825.605	
V	1918.404	479.601	$$M = \dfrac{32870.580}{\dfrac{(120-40)}{2}} \times 10 = \dfrac{32870.580}{4} = 8217.645$$
X	2148.426	537.106	
Y	2387.692	596.923	
Z	1372.236	343.059	Ce matériel doit être enlevé dans l'ordre où les parcelles sont inscrites au tableau, à raison de $\frac{8217.645}{10}$, ou 821mc764 par année, soit en chiffre ronds 822 mètres cubes.
AA	1982.594	495.649	
BB	740.058	185.015	
CC	1499.375	374.844	
DD	854.844	213.710	On aura soin d'épuiser intégralement le matériel à couper dans chaque parcelle, avant d'entamer la suivante.
EE	1022.212	255.553	
Totaux	32870.580	8217.644	

V. — Chablis.

Le volume des chablis ou volis qui viendraient à se produire devra être soigneusement noté chaque année pour chaque parcelle et défalqué, lorsque le moment en sera venu, du matériel à réaliser.

Il demeure bien entendu, d'ailleurs, qu'à aucune époque et sous aucun prétexte on n'abattra des arbres considérés comme viciés ou défectueux, en dehors des coupes annuelles. On ne considérera plus désormais comme chablis ou volis que les arbres auxquels ces qualifications sont réellement applicables dans le langage forestier.

Nous rappelons, en conséquence qu'on nomme *chablis* les arbres rompus ou déracinés par les vents ; *volis* la partie d'un arbre rompu, tombée à terre; *quille, chandelier* ou *tronc,* celle qui demeure debout.

Ces détails paraîtront peut-être minutieux; si nous y insistons cependant, c'est qu'il importe de bien s'entendre sur le sens des mots qu'on emploie, pour éviter toute confusion dans les idées et que, dans la forêt de Bélesta, l'usage s'est introduit de donner, à certains termes techniques, une acception qui s'écarte de celle généralement admise.

VI. — Révision de la possibilité.

A l'expiration de chaque rotation, c'est-à-dire tous les 10 ans, avant de reprendre le martelage des coupes, parcelle par parcelle, dans le même ordre que pour la rotation achevée, la possibilité sera calculée au moyen de nouveaux comptages comprenant tous les arbres de 0^{m}30 de diamètre et au-dessus, mesure prise à 1^{m}33 du sol. Les volumes seront calculés par la méthode que nous avons employée et dont le détail est donné à l'article IV ci-dessus.

La possibilité de la nouvelle rotation en sera déduite par l'emploi de la même formule, c'est-à-dire que si on appelle P cette possibilité, M le cube total du matériel, on aura, pour le volume à exploiter chaque année : $P = \frac{M}{40}$

CHAPITRE VII.

DEUXIÈME SÉRIE DITE DU SUD.

Nous avons donné aux deux premières séries, afin de les mieux distinguer, les noms de Série du Nord et de Série du Sud, en raison de leur situation respective par rapport au chemin de grande communication qui leur sert de limite commune.

La seconde de ces séries, dite Série du Sud, diffère de la première en ce que sa forme générale est moins tourmentée. Envisagée dans son ensemble, elle est constituée par deux grands versants opposés aboutissant à une crête commune. Les parties purement rocheuses y sont moins étendues, les clairières moins fréquentes, le matériel moins incomplet. Néanmoins, en comparant ces deux séries l'une à l'autre, on ne remarque aucune condition de sol, de climat, de végétation, qui soit assez tranchée pour motiver une différence dans le traitement à leur faire subir.

Nous nous sommes donc décidés à adopter, pour la seconde, le même traitement, la même exploitabilité que pour la première, et nous avons recensé son matériel par des procédés identiques.

Les choses étant ainsi, nous ne pourrions que répéter, mot pour mot, en l'appliquant à la deuxième série, tout ce que nous avons écrit au chapitre VI qui traite de la première. Ce serait entreprendre une besogne oiseuse et imposer à nos lecteurs une fatigue inutile.

En conséquence, nous renvoyons pour tous les détails au chapitre précédent, en faisant remarquer qu'il ne renferme pas une prescription dont il ne faille tenir compte dans une série comme dans l'autre et nous nous contentons de donner, d'autre part, le tableau récapitulatif du volume à exploiter dans la Série du Sud, pendant la première rotation décennale.

TABLEAU récapitulatif du volume à exploiter pendant la 1re rotation de 10 ans.

PARCELLES.	VOLUME TOTAL recensé dans CHAQUE PARCELLE.	VOLUME TOTAL à réaliser pendant LA 1re ROTATION.	OBSERVATIONS.
	M. C.	M. C.	
A	4587.337	1146.834	Les deux parcelles G-H ont été réunies pour le recensement du matériel sur pied et seront exploitées en commun.
B	4367.143	1091.785	
C	4562.349	1140.587	
D	4992.908	1248.227	Comme pour la première série, la révolution est de 120 ans; la rotation de 10 ans. Le volume recensé, 43488^{mc}035, comprend tout le matériel sur pied à partir de 40 ans. Donc le matériel M à exploiter pendant la première rotation décennale est donné par la formule :
E	3274.548	818.637	
F	1708.601	427.150	
G	2194.787	548.697	
H			
I	2062.378	515.594	
J	910.222	227.555	$$M = \frac{43488.035}{\frac{(120-40)}{2}} \times 10 = \frac{43488.035}{4} = 10872.806$$
K	5887.494	1471.798	
L	5033.695	1258.424	
M	3593.142	898.285	d'où il suit que la possibilité annuelle est de 1087^{mc}201, soit en chiffre ronds, 1087 mètres cubes.
N	313.731	78.433	
Totaux	43488.035	10872.006	

CHAPITRE VIII.

TROISIÈME SÉRIE DITE DE PALAUTY ET MALART.

I. — Etat actuel de la série.

Les terrains situés sur le territoire de Fougax, et qu'il nous reste à étudier, diffèrent beaucoup, sous le rapport du peuplement, de ceux qui composent la grande masse plus spécialement désignée sous le nom de forêt de Bélesta.

Nous avons classé, dans la seconde série, ceux des terrains de Palauty qui, en raison de leur situation et du matériel dont ils sont pourvus, peuvent, sans trop de difficulté, être soumis au même régime que le surplus de cette série. Les 164 h. 50 a. 33 c., qui restent en dehors de ce classement, n'étaient autrefois, sauf le canton Malart, que des vacants entrecoupés de quelques groupes d'arbres, vacants qu'on a achetés pour les réunir à la forêt et les transformer en massifs résineux par voie de plantations. L'ensemble de ces terrains n'est présentement susceptible ni d'aménagement ni d'exploitation régulière et, si nous les constituons en série spéciale, au lieu de les rejeter tout simplement hors cadre, comme on pourrait être tenté de le faire, c'est moins à cause de leur état actuel qu'en vue de l'avenir et pour avoir occasion d'examiner quel parti il serait possible d'en tirer.

Dans les pays de montagne, c'est presque toujours une mauvaise spéculation que l'achat de terres incultes fait avec la pensée de les transformer en forêts. Si modeste que soit le prix auquel ces terrains sont offerts, il faut songer que leur conversion en bois est une opération dispendieuse, d'une réussite incertaine et dont, en tout état de cause, les premiers bénéfices ne sont réalisables qu'à très-longue échéance.

Pour créer une futaie résineuse, pour la conduire jusqu'au terme où elle commencera à donner des produits véritablement rémunérateurs, il ne faut guère moins d'un siècle. Si l'Etat entreprend des opérations de cette nature et les exécute sur une large échelle, c'est afin de prévenir les érosions de certains cours d'eau, de protéger certains bassins menacés; il agit dans un but d'intérêt public, sans se dissimuler, d'ailleurs, l'étendue des sacrifices que son rôle lui impose. Quant aux simples particuliers, ils n'ont pas à s'engager dans des opérations de cette nature.

Quoiqu'il en soit, avant d'entrer dans cette voie, tout au moins faudrait-il arrêter un plan méthodique et ne pas se lancer dans des travaux d'aussi longue haleine, sans avoir calculé les moyens de les faire aboutir à un résultat satisfaisant : c'est ce qu'on n'a point fait à Palauty. Les plantations qu'on y a multipliées ont été conduites, il est juste de le reconnaître, avec beaucoup de soins et d'entente; on a pris toutes les précautions nécessaires pour assurer leur reprise et on l'a obtenue, mais avant de mettre la main à l'œuvre, on a négligé le point essentiel, on n'a pas discuté le choix des essences à propager.

Que, dans un parc d'agrément, on cherche surtout à varier, à multiplier les essences végétales, pour récréer la vue des visiteurs et produire d'harmonieux effets, rien de mieux. Mais ce n'est pas ainsi qu'on procède lorsqu'il s'agit de créer une forêt. En pareil cas, il faut n'employer que des essences dont le tempérament et la longévité comportent un traitement commun, sinon tout aménagement devient impraticable; il faut rejeter tous les végétaux, dont le bois parvenu à maturité ne saurait fournir des produits avantageux et faciles à écouler; il faut, enfin, se méfier de toute essence qui ne croît pas spontanément dans la contrée où l'on opère et dont la réussite est chose problématique. Or, à Palauty, c'est ce qu'on a complétement perdu de vue. On y a multiplié le mélèze, arbre de la région alpine qui prospère difficilement sous le climat des Pyrénées, les pins sylvestres qui s'accommodent assez peu des sols calcaires, outre que leurs branches sont sujettes à rompre sous l'effort du vent et le poids de la neige, le pin de lord Weymouth, arbre d'un port élégant, mais dont le bois, excellent, dit-on, dans l'Amérique du Nord, est de détestable qualité dans l'Ariége.

Il résulte, de cet oubli des règles élémentaires, qu'après beaucoup de temps et d'argent dépensés l'ensemble de la troisième série n'est aujourd'hui qu'un mélange confus de plantations par larges bouquets plus ou moins clairiérés, entrecoupés de vides, avec des taches de sapins dont la vigueur atteste que cette dernière essence est bien celle qu'il eût fallu propager de préférence, sans s'inquiéter de la lenteur avec laquelle elle croît, durant ses premières années. A côté des sapins, croissent encore spontanément des coudriers, des aulnes, des frênes, des hêtres, des chênes, ces derniers assez nombreux, à l'extrémité occidentale de la série, pour constituer un taillis à peu près complet.

Quant au canton Malart, c'était une jolie futaie de sapins qu'on a ruinée en l'exploitant sans mesure aucune.

Tel est l'état actuel de la série. Nous l'avons indiqué avec quelques détails, non pour blâmer ce qui a été fait, mais pour justifier ce que nous avions avancé au début et montrer qu'elle n'est pas susceptible d'aménagement.

Tout ce que nous pourrons faire, c'est de rechercher les moyens de la transformer peu à peu et de l'amener, avec l'aide du temps, au même état que les deux premières séries, tout en y dépensant le moins d'argent possible.

II. — Opérations à effectuer dans la série.

Lorsqu'un observateur attentif suit, pas à pas, le versant de Palauty, ce qui le frappe bien vite ce sont les nombreuses traces de sapin qu'on y rencontre. Les semences ailées, que les vents disséminent, germent où elles tombent, et prospéreraient sans peine pourvu qu'elles fussent quelque peu abritées contre les ardeurs du soleil, et sans la présence continuelle du bétail.

D'ailleurs, on y rencontre des bouquets de jeune futaie de la même essence en pleine prospérité, descendant jusqu'à la limite inférieure des parcelles et atteignant la rive droite du cours d'eau qui les longe ; preuve matérielle que, nonobstant l'exposition chaude du terrain, le sapin en prendrait facilement possession. C'est l'arbre de toute la région, celui dont les produits sont les plus recherchés du commerce, c'est donc, sans aucun doute, celui à la propagation duquel on doit s'attacher de préférence, celui qu'il faut multiplier jusqu'à ce qu'il reste définitivement maître exclusif du sol. Ce résultat, une fois réalisé, il ne restera plus qu'à soumettre la troisième série au même régime que les deux autres.

Pour y parvenir, on considérera tous les autres bois peuplant actuellement Palauty comme de simples essences de transition, dont le rôle est de conserver, par leur couvert, une certaine fraîcheur au sol, de l'enrichir par le détritus de leurs feuilles ou de leurs aiguilles, d'abriter les jeunes sapineaux depuis leur naissance jusqu'au point où une protection ne leur sera plus nécessaire. Nous n'admettons d'exception à cette règle que pour les épicéas qu'il sera bon de conserver partout où il en existe, parce qu'ils croissent très-bien en mélange avec le sapin et se prêtent à un traitement identique. Nous ne conseillons pas toutefois de les propager désormais, comme on l'a fait à Palauty et même dans quelques parcelles de la masse principale. Sans méconnaître les précieuses qualités qui distinguent l'épicéa, nous ferons observer que la forme et l'ampleur de ses rameaux, la faiblesse de son enracinement, sont cause que les vents violents les déracinent avec plus de facilité que le sapin, et c'est là une particularité dont il est bon de tenir compte. Autre considération. Le commerce local a des habitudes dont il lui répugne de se départir, et rien ne garantit qu'il serait disposé à se rendre acquéreur des sciages d'épicéa, comme de ceux de sapin, les premiers eussent-ils des qualités supérieures.

Partout où on remarquera de jeunes sapins dont l'essor est arrêté par le couvert d'autres arbres, on enlèvera ces derniers ; mais, sans rien brusquer, avec toutes les précautions nécessaires et en répartissant l'opération sur plusieurs années, en tant que besoin sera ; il ne faut pas de découvert imprudent qui ouvre aux rayons solaires l'accès complet du sol et provoque, pendant l'été, une évaporation funeste aux jeunes résineux.

Les bois d'essences diverses seront maintenus sur pied dans tous les autres cas, à moins cependant qu'ils ne donnent des signes prononcés de dépérissement. On pourra, en outre, favoriser le réensemencement naturel par de légères éclaircies, pratiquées avec beaucoup de prudence, dans les massifs de toute catégorie qui seraient jugés trop serrés ; le cas échéant, on se contentera de relever le couvert avec ménagement.

On éloignera le bétail de Palauty, où les usagers n'ont aucun droit de dépaissance, et on assignera aux bêtes à cornes des gardes et des métayers, si on ne croit pouvoir les exclure immédiatement d'une manière absolue, certains ténements d'où ces animaux ne devront s'écarter en aucun temps et sous aucun prétexte. Ces ténements seront naturellement ceux où le parcours présentera le moins d'inconvénients.

Les procédés que nous venons de conseiller ne suffiraient pas pour repeupler tout le sol en sapins, dans une période de temps assez courte et d'une manière complète. Il sera donc nécessaire de leur adjoindre l'emploi de semis artificiels.

Afin de ne pas imposer de nouveaux sacrifices à la Société, au moment même où elle va se trouver obligée de ramener ses exploitations à un chiffre relativement restreint, on pourrait admettre, en principe, que les frais des repeuplements artificiels seront couverts par les produits réalisés à Palauty, ou, en d'autres termes, qu'on affectera uniquement aux travaux de l'espèce le prix de vente des arbres dominants, surabondants, des chablis, réalisés dans la troisième série. Sans doute, ces sommes seront minimes et les résultats se feront attendre, mais, en pareille matière, le plus essentiel n'est pas d'aller vite, c'est de bien faire. Rien n'empêchera d'ailleurs que la Société, si elle le juge opportun, alloue les fonds nécessaires pour activer l'opération.

Il n'est pas d'usage que les projets d'aménagement fixent les détails minutieux des procédés à mettre en œuvre pour assurer le repeuplement artificiel des parties vides ou clairiérées. On considère, avec raison, que c'est aux seuls agents d'exécution qu'il appartient de choisir les méthodes préférables, en s'inspirant des circonstances, et il est de règle de leur laisser toute latitude à cet égard, au lieu de leur lier les mains, en quelque sorte, par des prescriptions trop rigoureuses. Cette manière de voir est parfaitement logique; un projet d'aménagement n'est pas, et ne saurait être un manuel de plantation ; il ne faut pas se dissimuler, d'ailleurs, qu'un opérateur assez inexpérimenté pour chercher mot à mot, dans un rapport ou dans un traité, les indications relatives aux travaux dont la direction lui incombe, resterait toujours au-dessous de sa tâche.

Nous serons donc très-sobres de détails à cet égard, mais nous signalerons néanmoins, ne fût-ce qu'à titre de conseil, quelques points essentiels.

1° On a parfois obtenu de bons résultats de semis effectués à la volée sur la neige fondante. Ce procédé n'est pas toujours et partout d'une réussite certaine, mais il est si expéditif et si économique qu'il sera bon d'en essayer sur une petite échelle, sauf à continuer en grand si on obtient de bons résultats.

2° Sur un terrain dont le climat est un peu chaud, comme celui de Palauty, on ne peut pas compter que des semis de sapin réussiront en plein découvert. Il faut donc utiliser, dans les parties vides, les arbustes qui y croissent spontanément, y semer au besoin des ajoncs, des genêts ou autres plantes de l'espèce, afin de s'en servir pour abriter les sapins naissants;

3° Comme le sol a une inclinaison générale fort rapide, il faudra semer par trous ou potets interrompus, et non par longues bandes horizontales, dont la terre ameublie pourrait, en temps d'orage ou de fonte de neige, être entraînée par les eaux;

4° Là où l'insuccès des semis serait dû à la sécheresse de la couche superficielle du sol, pendant les ardeurs de l'été, ne pas s'obstiner à les renouveler en pure perte : la même cause produirait toujours le même effet; substituer, en pareil cas, la plantation au semis. N'employer que des plants de basse tige préalablement repiqués en pépinière; rejeter, sans hésitation, tous ceux qui ne sont pas pourvus d'un chevelu abondant; avoir des plants de deux ans, trois au plus : leur mise en terre est bien plus économique, leur reprise bien plus certaine que celle des sujets plus avancés en âge.

En ce qui concerne le canton Malart, nous estimons que tout repeuplement artificiel serait inutile, parce que le sapin reprendra spontanément possession du terrain, pourvu qu'on n'entrave pas l'œuvre de la nature. L'obstacle le plus sérieux à la restauration naturelle, c'est l'inextricable fouillis de ronces, de morts-bois, qu'on a provoqué en découvrant imprudemment le sol; toutes ces plantes enlacent les jeunes sapins dans un étroit réseau et arrêtent leur croissance. Quelques ouvriers soigneux, sous la conduite d'un garde intelligent, pourraient, à peu de frais, réduire de beaucoup les inconvénients de cet état de choses, en dégageant, chaque année, les jeunes résineux de l'étreinte et du couvert qui les étouffent. Enfin, une mesure indispensable serait la suppression absolue et complète du pâturage dans tout le canton. On nous assure que, bien qu'il soit dégagé de toute servitude de l'espèce, néanmoins les habitants des hameaux voisins sont autorisés à y faire paître leur bétail, à charge de payer une modique redevance. Qu'on veuille bien tenir pour certain que le profit ainsi réalisé est fort inférieur au dommage causé.

CHAPITRE IX.

Considérations et prescriptions diverses.

I. — Mesures d'ordre.

A. Il est indispensable qu'en dehors de sa comptabilité, le régisseur, chargé d'appliquer d'aménagement, tienne un registre ou sommier sur lequel il consignera, année par année, pour chaque rotation, le matériel enlevé par les coupes et par les exploitations accidentelles, en indiquant les parcelles d'où ce matériel a été extrait. *(Voir à l'Appendice le modèle de ce registre.)*

En se conformant à cette prescription, que nous considérons comme très-importante, on assurera le fonctionnement régulier des opérations de martelage et on sera toujours à même de vérifier, d'un coup d'œil, si l'aménagement est appliqué comme il doit l'être, au point de vue de la possibilité et de la marche des coupes. Ce sommier de contrôle est surtout indispensable dans une forêt de particulier où on ne peut y suppléer à la rigueur, comme dans les propriétés soumises au régime forestier, par la série de pièces dont le martelage et la vente des coupes entraînent la rédaction obligée.

B. Les lignes qui séparent les différentes parcelles des trois séries devront être ouvertes sur une largeur uniforme de 1^{m}50. Il est utile de hâter ce travail; plus tard, les piquets numérotés que nous avons plantés aux sommets d'angles finiraient par disparaître; les blanchis pratiqués sur les arbres de limites seraient de moins en moins apparents, et on serait obligé de rétablir, géométriquement, le périmètre de certaines parcelles. Une fois les lignes ouvertes, les gardes auront le devoir de les maintenir constamment en bon état.

II. — Améliorations.

Nous avons indiqué ce qu'il convient de faire dans la série de Palauty, et n'y reviendrons pas.

Dans les séries du Nord et du Sud, les améliorations les plus essentielles consistent dans l'entretien et la réparation des tires ou sentiers affectés à la vidange des coupes. Comme leur état de viabilité, plus ou moins satisfaisant, exerce une influence immédiate sur le prix des coupes, c'est un point qu'il ne faut pas négliger, et l'argent qu'on y consacre, pourvu qu'il soit bien employé, rentre dans le cadre des dépenses productives devant lesquelles ne recule jamais un propriétaire soucieux de ses véritables intérêts.

Dans certaines parcelles de la première série, les buis, les morts-bois, envahissent les parties rocheuses et font obstacle à la régénération naturelle. Les riverains de la forêt recherchent ces morts-bois et les enlèvent volontiers, moyennant une certaine redevance en argent. Mais l'extraction, telle qu'elle est pratiquée, peut devenir plus préjudiciable qu'utile; ceux qui l'opèrent prennent un médiocre souci de ménager les jeunes sapins qui ont germé au milieu des broussailles; d'un autre côté, là où les peuplements résineux font complétement défaut, mieux vaut encore une végétation composée d'essences inférieures que la roche complétement nue. Il faut donc apporter beaucoup de réserve et de discernement dans les autorisations qu'on accorde aux riverains, et nous conseillons d'exiger d'eux, en échange, non une rétribution en numéraire, mais quelques journées qui seraient employées sous la surveillance d'un garde, à dégager peu à peu les semis dont les broussailles arrêtent l'essor. C'est un travail qui n'exige pas une grande dépense de forces et auquel il est facile de dresser des adolescents ou des jeunes filles, dont la journée coûte moins cher que celle d'un adulte.

Enfin, là où les clairières ont pris trop d'extension, pour que les porte-graines restés sur pied puissent suffire au réensemencement naturel du sol, il serait très-utile, après le passage des coupes, de recourir à quelques semis artificiels, en déposant la graine de sapin dans les interstices des roches où s'amoncèle toujours un peu de terre végétale.

III. — Pâturage.

Le pâturage est l'industrie principale des populations qui habitent la région des Pyrénées; elles lui doivent, en partie, leurs moyens d'existence et se montrent impatientes de toute entrave apportée à la jouissance de leurs droits. Dans les forêts, grevées à leur profit d'une servitude de dépaissance, il est d'une sage administration de ne pas exercer de rigueurs inutiles vis-à-vis des usagers et d'user même, à leur égard, de toute la tolérance compatible avec la prospérité de la forêt. Mais, à Bélesta, cette tolérance a été poussée à des limites telles, que les riverains agissent comme s'ils étaient les véritables propriétaires du sol. Ils sont affranchis de toutes les formalités que la loi leur impose, et il n'est pas un point dont l'accès leur soit interdit. A notre sens, il serait bon de ne pas perpétuer cette situation et, tout en traitant les usagers avec une certaine bienveillance, d'exiger d'eux qu'ils tiennent leur bétail éloigné des quelques points où son séjour permanent serait jugé incompatible avec la régénération de la forêt. La loi donne, à cet égard, toute latitude au propriétaire et on ne saurait, en bonne justice, s'étonner qu'il l'invoque toutes les fois que le soin de ses intérêts lui en fait une obligation. On agira donc sagement si on met en défends, surtout dans la première série, quelques fractions de parcelles dont le sol se repeuple avec lenteur ou même ne se repeuple pas du tout. Il suffira de notifier la mesure, chaque année, à M. le maire de Bélesta, dans la forme légale. En cas de contestation avec les usagers, l'administration des forêts interviendrait pour apprécier le véritable état des cantons mis en défends. Les articles 119 du code forestier, 151 de l'ordonnance du 1er août 1827, tracent nettement la marche à suivre en pareille matière.

IV. — Personnel.

La manière dont est organisé le personnel chargé de surveiller une forêt, n'est pas sans influence sur sa prospérité; c'est donc une question qu'il est bon d'examiner, lorsqu'on procède à l'aménagement de cette forêt, non pas, bien entendu, au point de vue des personnes, mais sous le rapport de l'étendue et de la distribution des garderies.

Dans les bois de l'État, la contenance moyenne d'un triage est d'environ 500 hectares, bien qu'il ne puisse y avoir à cet égard de règle absolue. Si la forêt de Bélesta lui appartenait, elle serait surveillée par deux gardes, sous la direction immédiate d'un brigadier, dont l'action s'étendrait encore sur d'autres massifs. Mais, en cas de désordre, l'État dispose de moyens d'action plus puissants que les simples particuliers : il peut, d'ailleurs, à un moment donné, réunir, sur les points menacés par les délinquants, une force suffisante pour les mettre à la raison. On conçoit donc que les particuliers aient besoin d'un personnel plus nombreux, et nous ne proposons pas de réduire le nombre des préposés dont la Société dispose; nous pensons seulement qu'on pourrait leur donner une organisation plus avantageuse. Voici celle que nous proposons.

N'avoir que trois triages : un par série. Conférer au garde de la deuxième série le titre de brigadier, et placer les autres sous son autorité immédiate. Créer deux gardes cantonniers, spécialement chargés de la réparation et de l'entretien des chemins de vidange, de tous les travaux de main d'œuvre que peut réclamer l'état de la forêt, semis, plantations, nettoiements, etc., etc. Il va de soi qu'au besoin ces deux hommes seraient appelés à seconder ceux de leurs camarades dont les triages viendraient à être menacés et à leur prêter main-forte.

On allouerait, à titre de traitement annuel, 600 francs au brigadier, 500 francs aux gardes à triage, 450 francs aux gardes cantonniers. De la sorte, les frais de surveillance ne seraient pas augmentés, et il y aurait économie en ce sens que les deux cantonniers devraient exécuter bien des travaux de détail qui, en l'état actuel, sont faits par des ouvriers qu'il faut payer à la journée. Enfin, il est bon à tous les points de vue qu'un garde ait une retraite assurée à la fin de sa carrière. Si, après de longs et honorables services, il n'a que l'indigence en perspective pour ses vieux jours, on hésite à le congédier, on s'arrête forcément devant des considérations d'humanité et on lui conserve son emploi, alors qu'il n'a plus la vigueur nécessaire pour le remplir convenablement. Ne pourrait-on, au lieu d'attribuer aux gardes de la forêt de Bélesta une rétribution annuelle sur les arbres mis en vente, sous le nom de droit de marteau, placer en leur nom, à la caisse des retraites pour la vieillesse, les sommes qui proviennent de cette origine? Ce serait à nos yeux une excellente mesure.

Il faut respecter les droits acquis, les positions depuis longtemps faites, ne jamais y porter atteinte hors les cas de nécessité absolue. Aussi ne proposons-nous pas de changer brusquement l'organisation actuelle des gardes de Bélesta, mais bien d'y introduire, au fur et à mesure que des vacances viendront à se produire, les modifications que nous avons signalées.

CHAPITRE X.

Résultats de l'aménagement.

Parvenus au terme de notre tâche, il nous reste à jeter un coup d'œil en arrière, et à résumer succinctement les résultats du projet dont nous proposons l'adoption.

En premier lieu, la possibilité de la forêt de Bélesta sera fixée une fois pour toutes, d'une manière logique, normale, d'après les ressources offertes par son matériel exploitable ; elle ne sera plus établie à l'aventure ou d'après des données empiriques qui la menaçaient d'un appauvrissement continu et d'une ruine probable.

En second lieu, les coupes annuelles seront dirigées dans un ordre méthodique, marcheront de proche en proche, de manière à assurer l'amélioration des massifs, au lieu d'être prises tantôt sur un point tantôt sur un autre, sans vues d'ensemble, sans souci de l'avenir.

Dans la série de Palauty et Malart, on arrivera graduellement à faire disparaître un mélange confus d'essences mal acclimatées, impropres à constituer une forêt véritable ; on comblera les vides, on restituera au sapin la pleine possession du sol et, si ce travail exige de longues années, du moins pourra-t-on le mener à fin sans s'imposer aucun sacrifice, en demandant à la série elle-même les ressources nécessaires pour la reconstituer.

Quant au revenu en argent, laissons de côté cette troisième série qui, en l'état actuel, ne saurait en fournir aucun, et cherchons ce qu'on peut attendre des deux autres, avec la pleine confiance de ne pas franchir les bornes de la réalité.

Le volume à exploiter chaque année sera, pour la première série, de 822 mètres cubes, et, pour la seconde, de 1087 mètres cubes; ensemble 1909 mètres cubes.

Admettons que la proportion des bois viciés, défectueux, soit de 10 pour cent, et nous ne croyons pas qu'il faille l'élever davantage dans une forêt dont les bois sont généralement sains, nous aurons alors, pour produits en matières :

1718 mètres cubes de bonne qualité;

191 mètres cubes de qualité inférieure;

Assignant, d'après les prix du jour, aux premiers la valeur moyenne de 29 fr. 16 pour le mètre cube en grume, et, aux seconds, celle de 21 fr. 70, nous obtiendrons pour rendement annuel 53240 fr. 70 (cinquante-trois mille deux cent quarante francs soixante-dix centimes).

Nous avons négligé, à dessein, le produit que pourront donner les cimeaux, les branchages, à cause de leur minime valeur et parce qu'on en délivre une partie aux hameaux de Lalibert, Tureloup et Palauty. En tenant compte de cette légère ressource, de quelques rentes de produits accessoires, buis, coudriers, autres morts-bois, on peut, sans crainte, évaluer le revenu brut de la forêt à 53500 fr. (cinquante-trois mille cinq cents francs), et tenir ce chiffre pour un minimum plutôt qu'une moyenne. Tout nous porte à croire qu'il sera dépassé plusieurs fois durant la première décennie et que le recensement à opérer, avant de passer à la rotation suivante, permettra de le porter plus haut. Le revenu doit, en effet, suivre une marche ascendante, sous l'action d'un traitement combiné dans le but d'améliorer peu à peu l'état des massifs et d'imprimer aux peuplements un essor plus prononcé.

C'est plus que nous n'osions espérer, au début de nos opérations.

Que la Société se résigne donc à cette réduction momentanée dans le taux de ses revenus; qu'elle accepte les charges léguées au présent par le passé, charges que nous nous sommes efforcés d'alléger le plus possible, mais qu'il faut subir résolûment. Le salut de la forêt de Bélesta est à ce prix, c'est pour nous un devoir de l'affirmer sans détours.

Si on veut bien considérer qu'à l'état normal cette forêt devrait produire au moins 6 mètres cubes par hectare et par an, et donner un revenu brut qui excéderait cent vingt mille francs, pour les deux premières séries, on aura la mesure exacte du mal qu'on lui a causé et on reconnaîtra la nécessité d'y apporter un remède énergique.

Or, ce remède, c'est l'aménagement. Mais pour être efficace, encore faut-il qu'il soit appliqué complétement, qu'on ne fasse varier, sous aucun prétexte, ni l'ordre ni la possibilité des coupes; enfin, que ces coupes soient conduites avec le savoir et l'intelligence qu'exigent des opérations de cette nature. Il ne faut pas se dissimuler que des martelages mal dirigés peuvent provoquer la ruine d'une forêt tout aussi sûrement que des exploitations excessives.

Clos à Ax, le trente mars mil huit cent soixante-dix-sept.

Les Experts,

Signé : Thinus.　　J. Castel.

APPENDICE

―――⌇〜⌇―――

TABLEAU A

Donnant le résultat des expériences faites pour déterminer le
volume réel du sapin type pour chaque catégorie de diamètre
de 0ᵐ05 en 0ᵐ05 à partir de 0ᵐ30.

DIAMÈTRE à 1ᵐ33 du SOL.	HAUTEUR.	VOLUME CONIQUE.	FACTEUR de CONVERSION	VOLUME RÉEL.	OBSERVATIONS
M.	M.	M. C.	M. C.	M. C.	
0.30	18	0.424	1.578	0.669	
0.35	19	0.608	1.604	0.975	
0.40	20	0.837	1.282	1.073	
0.45	20	1.067	1.278	1.363	
0.50	21	1.372	1.686	2.313	
0.55	22	1.752	1.404	2.459	
0.60	23	2.168	1.265	2.742	
0.65	23	2.564	1.180	3.026	
0.70	24	3.080	1.075	3.311	
0.75	25	3.530	1.126	3.975	
0.80	26	4.353	1.066	4.642	
0.85	27	5.121	1.257	6.437	
0.90	27	5.733	1.469	8.420	
0.95	28	6.621	1.492	9.879	
1. »	28	7.328	1.556	11.402	
1.05	29	8.825	1.467	12.946	
1.10	29	9.493	1.536	14.581	
1.15	30	10.400	1.451	15.090	
1.20	30	11.310	1.544	17.462	
1.25	31	12.685	1.444	18.193	
1.30	31	13.729	1.498	20.566	
1.35	32	15.276	1.603	24.487	
1.40	32	16.334	1.562	25.509	

TABLEAU B

Recensement du matériel de la 1ʳᵉ série par catégorie de 0ᵐ05 en 0ᵐ05 à partir de 0ᵐ30, et volume des sapins de chaque catégorie.

PARCELLE.	DIAMÈTRE à 1ᵐ33 du SOL.	NOMBRE de SAPINS.	VOLUME total par CATÉGORIE.
	M.		M. C.
	0.30	1621	1084.449
	0.35	512	499.200
	0.40	327	350.871
	0.45	259	353.017
	0.50	164	379.332
	0.55	93	228.687
	0.60	57	210.291
O	0.65	42	127.093
	0.70	30	99.330
	0.75	28	111.300
	0.80	20	92.840
	0.85	12	77.244
	0.90	12	101.040
	0.95	5	49.395
	1 . »	3	34.206
Total de la Parcelle		3185	3798.297
	0.30	956	639.564
	0.35	434	423.150
	0.40	258	276.834
	0.45	214	291.682
	0.50	148	342.172
	0.55	76	186.884
	0.60	54	148.068
P	0.65	24	72.624
	0.70	21	69.534
	0.75	11	43.725
	0.80	8	37.136
	0.85	3	19.311
	0.90	3	25.260
	0.95	3	29.637
	1 . »	2	22.804
Total de la Parcelle		2215	2628.682
	0.30	1541	1030.929
	0.35	806	785.850
Q	0.40	508	545.084
	0.45	306	417.078
	0.50	182	420.966
A reporter		3343	3199.907

PARCELLE.	DIAMÈTRE à 1ᵐ33 du SOL.	NOMBRE de SAPINS.	VOLUME total par CATÉGORIE.
	M.		M. C.
	Report	3343	3199.907
	0.55	83	204.097
	0.60	70	191.940
	0.65	49	148.421
	0.70	55	182.105
Q	0.75	25	99.375
	0.80	12	55.704
	0.85	8	51.496
	0.90	9	75.780
	0.95	4	39.516
	1 . »	3	34.206
Total de la Parcelle		3661	4282.547
	0.30	974	651.606
	0.35	444	429.975
	0.40	239	256.447
	0.45	146	198.998
	0.50	101	233.613
	0.55	53	130.327
	0.60	52	112.584
	0.65	32	96.832
	0.70	20	66.220
R	0.75	13	51.675
	0.80	14	64.988
	0.85	12	77.244
	0.90	15	126.300
	0.95	4	39.516
	1 . »	6	68.412
	1.05	1	12.946
	1.10	2	29.162
	1.15	»	» »
	1.20	1	17.462
Total de la Parcelle		2126	2694.307
	0.30	1029	690.204
	0.35	481	468.975
S	0.40	263	282.199
	0.45	116	158.108
	0.50	66	152.658
A reporter		1955	1752.144

Suite du Tableau B.

PARCELLE.	DIAMÈTRE à 1m33 du SOL. (M.)	NOMBRE de SAPINS.	VOLUME total par CATÉGORIE. (M. C.)
S	*Report*	1955	1752.141
	0.55	43	110.655
	0.60	15	41.130
	0.65	15	45.390
	0.70	6	19.866
	0.75	5	19.875
	0.80	8	37.436
	0.85	6	38.622
	0.90	5	42.100
	0.95	4	39.516
	1. »	2	22.804
	1.10	3	43.743
	1.40	1	25.509
Total de la Parcelle		2070	2238.487
U	0.30	913	610.797
	0.35	527	513.825
	0.40	350	375.550
	0.45	284	387.092
	0.50	202	467.226
	0.55	73	179.507
	0.60	76	208.392
	0.65	52	157.352
	0.70	30	99.330
	0.75	15	59.625
	0 80	16	74.272
	0.85	8	51.496
	0.90	4	33.680
	0.95	2	19.758
	1. »	1	11.402
	1.15	1	15.090
	1.20	1	17.462
	1.30	1	20.566
Total de la Parcelle		2556	3302.422
V	0.30	484	323.796
	0.35	356	347.100
	0.40	249	267.477
	0.45	154	209.902
	0.50	83	191.979
	0.55	43	105.737
	0.60	28	76.776
	0.65	22	66.572
	0.70	24	79.464
	0.75	12	47.700
A reporter		1455	1716.203

PARCELLE.	DIAMÈTRE à 1m33 du SOL. (M.)	NOMBRE de SAPINS.	VOLUME total par CATÉGORIE. (M. C.)
V	*Report*	1455	1716.203
	0.80	12	55.704
	0.85	7	45.059
	0.90	6	50.520
	0.95	4	39.516
	1. »	1	11.402
Total de la Parcelle		1485	1918.404
X	0.30	860	575.340
	0.35	455	443.625
	0.40	284	304.513
	0.45	164	223.532
	0.50	111	256.743
	0.55	54	132.786
	0.60	29	79.518
	0.65	21	63.546
	0.70	12	39.732
	0.75	2	7.950
	0.80	2	9.284
	0.85	1	6.437
	0.90	1	8.420
Total de la Parcelle		1993	2148.426
Y	0.30	719	481.044
	0.35	410	399.750
	0.40	252	270.396
	0.45	194	260.333
	0.50	131	303.003
	0.55	72	177.048
	0.60	54	148.068
	0.65	26	78.676
	0.70	21	69.531
	0.75	11	43.725
	0.80	7	32.394
	0.85	7	45.059
	0.90	7	58.940
	0.95	2	19.758
Total de la Parcelle		1910	2387.692
Z	0.30	394	263.586
	0.35	224	218.400
	0.40	130	139.490
	0.45	115	156.745
A reporter		863	778.221

Suite du Tableau B.

PARCELLE.	DIAMÈTRE à 1m33 du SOL.	NOMBRE de SAPINS.	VOLUME total par CATÉGORIE.	PARCELLE.	DIAMÈTRE à 1m33 du SOL.	NOMBRE de SAPINS.	VOLUME total par CATÉGORIE.
	M.		M. C.		M.		M. C.
	Report	863	778.224		0.30	747	499.743
	0.50	67	154.971		0.35	331	322.725
	0.55	45	110.655		0.40	177	189.924
	0.60	35	95.970		0.45	93	126.759
	0.65	15	45.390		0.50	52	120.276
Z	0.70	9	29.799	CC	0.55	34	83.606
	0.75	7	33.825		0.60	22	60.324
	0.80	6	27.852		0.65	13	39.338
	0.85	3	19.314		0.70	4	13.244
	0.90	4	33.680		0.75	3	11.925
	0.95	2	19.758		0.80	4	18.568
	1. »	2	22.804		1.05	1	12.946
Total de la Parcelle		1058	1372.236	**Total de la Parcelle**		1481	1499.375
	0.30	1227	820.863		0.30	384	255.896
	0.35	491	478.725		0.35	482	477.450
	0.40	209	224.257		0.40	83	89.059
	0.45	99	134.937		0.45	53	72.239
	0.50	55	127.215		0.50	43	99.459
	0.55	25	61.475		0.55	22	54.098
AA	0.60	22	60.324	DD	0.60	15	41.430
	0.65	4	12.104		0.65	4	12.104
	0.70	4	13.244		0.70	6	19.866
	0.75	6	23.850		0.75	2	7.950
	0.80	2	9.284		0.80	2	9.284
	0.85	1	6.437		0.85	1	6.427
	0.90	»	» »		0.90	»	» »
	0.95	1	9.879		0.95	1	9.879
					1. »	»	» »
Total de la Parcelle		2146	1982.594	**Total de la Parcelle**		798	854.841
	0.30	567	379.323		0.30	527	352.563
	0.35	192	187.200		0.35	274	267.450
	0.40	68	72.964		0.40	104	111.592
	0.45	20	27.260		0.45	50	68.150
	0.50	8	18.504		0.50	33	76.329
	0.55	6	14.754		0.55	16	39.344
	0.60	3	8.226		0.60	11	30.162
BB	0.65	2	6.042	EE	0.65	2	6.052
	0.70	2	6.622		0.70	1	3.311
	0.75	»	» »		0.75	1	3.975
	0.80	2	9.284		0.80	1	4.642
	0.85	»	» »		0.85	1	6.437
	0.90	»	» »		0.90	1	8.420
	0.95	1	9.879		0.95	1	9.879
	1. «	»	» »		1. »	3	34.206
Total de la Parcelle		871	740.058	**Total de la Parcelle**		1026	1022.212

7

TABLEAU C

Recensement du matériel de la 2e série par catégorie de 0m05 en 0m05 à partir de 0m30, et volume des sapins de chaque catégorie.

PARCELLE.	DIAMÈTRE à 1m33 du SOL.	NOMBRE de SAPINS.	VOLUME total par CATÉGORIE.	PARCELLE.	DIAMÈTRE à 1m33 du SOL.	NOMBRE de SAPINS.	VOLUME total par CATÉGORIE.
	M.		M. C.		M.		M. C.
A	0.30	1445	766.005	C	Report	2069	1908.403
	0.35	605	589.875		0.50	270	624.510
	0.40	504	540.794		0.55	207	509.013
	0.45	291	396.633		0.60	160	438.720
	0.50	252	582.876		0.65	99	299.574
	0.55	153	376.227		0.70	66	218.526
	0.60	128	350.976		0.75	31	123.225
	0.65	73	220.898		0.80	21	94.482
	0.70	53	175.483		0.85	14	90.118
	0.75	28	71.550		0.90	18	65.360
	0.80	18	83.556		0.95	4	39.516
	0.85	11	70.807		1. »	5	57.040
	0.90	16	134.720		1.05	5	64.730
	0.95	8	79.032		1.10	2	29.162
	1. »	8	91.216	Total de la Parcelle		2971	4562.349
	1.05	1	42.946				
	1.10	3	43.743		0.30	1311	877.059
Total de la Parcelle		3297	4587.337		0.35	725	706.875
					0.40	530	568.690
	0.30	1079	721.854		0.45	325	442.975
	0.35	644	624.975		0.50	249	575.937
	0.40	565	606.245	D	0.55	489	464.751
	0.45	300	408.900		0.60	159	435.978
	0.50	296	684.648		0.65	85	257.210
	0.55	464	403.276		0.70	61	201.971
B	0.60	144	394.848		0.75	36	143.100
	0.65	66	199.716		0.80	22	102.424
	0.70	34	112.574		0.85	6	38.622
	0.75	44	55.650		0.90	9	75.780
	0.80	11	51.062		0.95	8	79.032
	0.85	6	38.622		1. »	2	22.804
	0.90	3	25.260	Total de la Parcelle		3717	4992.908
	0.95	4	39.516				
Total de la Parcelle		3327	4367.143		0.30	933	624.177
					0.35	566	551.850
	0.30	848	567.312		0.40	364	389.499
C	0.35	489	476.775	E	0.45	249	298.497
	0.40	460	493.580		0.50	158	365.454
	0.45	272	370.736		0.55	83	204.097
A reporter		2069	1908.403	A reporter		2320	2433.574

Suite du Tableau C

PARCELLE.	DIAMÈTRE à 1m33 du SOL. (M.)	NOMBRE de SAPINS.	VOLUME total par CATÉGORIE. (M. C.)
	Report	2320	2133.574
	0.60	51	139.842
	0.65	36	108.936
	0.70	34	112.574
	0.75	16	63.600
	0.80	12	55.704
E	0.85	8	51.496
	0.90	14	117.880
	0.95	5	49.395
	1. »	10	114.020
	1.05	1	12.946
	1.10	1	14.581
Total de la Parcelle		2508	3274.548
	0.30	387	258.903
	0.35	279	272.025
	0.40	208	223.184
	0.45	184	246.703
	0.50	76	175.788
	0.55	54	125.409
	0.60	35	95.970
F	0.65	34	102.884
	0.70	17	56.287
	0.75	8	34.800
	0.80	7	32.494
	0.85	3	19.311
	0.90	3	25.260
	0.95	3	29.637
	1. »	»	»
	1.05	1	12.946
Total de la Parcelle		1293	1708.601
	0.30	798	533.862
	0.35	452	440.700
	0.40	323	346.579
	0.45	131	178.553
	0.50	82	189.666
G et H (réunies).	0.55	54	132.786
	0.60	45	123.390
	0.65	16	48.446
	0.70	15	49.665
	0.75	7	27.825
	0.80	7	32.494
	0.85	5	32.185
	0.95	1	9.879
A reporter		1936	2146.000

PARCELLE.	DIAMÈTRE à 1m33 du SOL. (M.)	NOMBRE de SAPINS.	VOLUME total par CATÉGORIE. (M. C.)
	Report	1936	2146.000
G et H	1. »	3	34.216
	1.10	1	14.581
Total de la Parcelle		1940	2194.797
	0.30	607	406.083
	0.35	249	243.495
	0.40	174	186.702
	0.45	114	155.382
	0.50	112	259 056
	0.55	63	154.917
	0.60	87	238.554
I	0.65	40	121.040
	0.70	18	59.598
	0.75	15	59.625
	0.80	11	51.062
	0.85	11	70.807
	0.90	3	25.260
	0.95	5	49.395
	1. »	1	11.402
Total de la Parcelle		1480	2062.378
	0.30	273	182.637
	0.35	448	444.300
	0.40	120	128.760
	0.45	54	73.602
	0.50	42	97.146
	0.55	20	49.480
	0.60	12	32.904
J	0.65	12	36.312
	0.70	6	19.866
	0.75	11	43.725
	0.80	1	4.642
	0.85	1	6.437
	0.90	4	33.680
	0.95	1	9.879
	1. »	3	34.206
	1.05	1	12.946
Total de la Parcelle		709	910.222
	0.30	1739	1163.394
K	0.35	959	935.025
	0.40	708	759.684
A reporter		3406	2858.100

Suite du Tableau C.

PARCELLE.	DIAMÈTRE à 1m33 du SOL.	NOMBRE de SAPINS.	VOLUME total par CATÉGORIE.	PARCELLE.	DIAMÈTRE à 1m33 du SOL.	NOMBRE de SAPINS.	VOLUME total par CATÉGORIE.
	M.		M. C.		M.		M. C.
K	Report	3406	2858.100				
	0.45	443	693.809		0.30	999	668.331
	0.50	278	643.014		0.35	692	674.700
	0.55	169	445.571		0.40	492	527.916
	0.60	117	320.814		0.45	269	366.647
	0.65	76	229.976		0.50	190	439.470
	0.70	44	145.684		0.55	104	255.736
	0.75	30	149.250	M	0.60	72	197.424
	0.80	43	60.346		0.65	35	105.910
	0.85	14	90.118		0.70	29	96.049
	0.90	7	58.940		0.75	11	43.725
	0.95	6	59.274		0.80	8	37.136
	1.»	10	114.020		0.85	10	64.370
	1.05	2	25.892		0.90	4	33.680
	1.20	3	52.386		0.95	6	59.274
					1.»	2	22.804
Total de la Parcelle		4618	5887.194	Total de la Parcelle		2923	3593.442
	0.30	1762	1178.778		0.30	152	101.688
	0.35	1100	1072.500		0.35	57	55.575
	0.40	773	829.429		0.40	42	45.066
	0.45	367	500.221		0.45	21	28.623
	0.50	259	599.326		0.50	9	20.817
	0.55	132	324.588		0.55	4	9.836
	0.60	78	213.876		0.60	8	21.936
L	0.65	30	90.780	N.	0.65	2	6.052
	0.70	19	62.909		0.70	2	6.622
	0.75	5	49.875		0.75	»	» »
	0.80	4	48.568		0.80	1	4.642
	0.85	7	45.059		0.85	2	12.874
	0.90	4	33.680		0.90	»	» »
	0.95	2	19.758		0.95	»	» »
	1.»	1	11.402		1.»	»	» »
	1.05	1	12.946				
Total de la Parcelle		4544	5033.695	Total de la Parcelle		300	343.734

RÉCAPITULATION DES TABLEAUX B & C.

1re SÉRIE DITE DU NORD.				2e SÉRIE DITE DU SUD.			
			M. C.				M. C.
Parcelle	O	3185	Sapins cubant 3798.297	Parcelle	A	3297	Sapins cubant 4587.337
—	P	2215	— 2628.682	—	B	3327	— 4367.143
—	Q	3661	— 4282.547	—	C	2971	— 4562.349
—	R	2126	— 2691.307	—	D	3717	— 4992.908
—	S	2070	— 2238.487	—	E	2508	— 3274.548
—	T	»	» »	—	F	1293	— 1708.604
—	U	2556	— 3302.422	—	G et H	1940 .	— 2191.797
—	V	1485	— 1918.404	—	I	1480	— 2062.378
—	X	1993	— 2148.426	—	J	709	— 910.222
—	Y	1910	— 2387.692	—	K	4618	— 5887.494
—	Z	1058	— 1372.236	—	L	4544	— 5033.695
—	AA	2146	— 1982.594	—	M	2923	— 3593.142
—	BB	871	— 740.058	—	N	300	— 313.731
—	CC	1481	— 1499.375				
—	DD	798	— 854.844				
—	EE	1026	— 1022.212			33627	43488.045
		28581	32870.580				

NOTE A CONSULTER

PAR L'AGENT RÉGISSEUR.

1° Ne pas perdre de vue que chaque série doit toujours être considérée comme une forêt distincte, complétement séparée des deux autres; bien se garder, en conséquence, de jamais confondre les opérations à exécuter dans chacune d'elles;

2° Suivre exactement, dans la première et la deuxième série, l'ordre arrêté pour la marche des coupes; ne jamais s'en écarter; ne marquer, chaque année, que le nombre de mètres cubes indiqué. Voici, pour plus de clarté, un exemple emprunté à la deuxième série.

En 1877, on attaquera d'abord la parcelle A, dont le volume réalisable est de $1146^{mc}834$ pour la première rotation. Comme la possibilité est de 1087 mètres cubes, on y marquera un nombre d'arbres dont le volume soit égal à ce chiffre. En 1878, il restera à prendre dans cette parcelle A $59^{mc}834$; après quoi on marquera 1027^{mc}166 dans la parcelle B, pour compléter les 1087 mètres cubes, volume afférent à la seconde année; et ainsi de suite pour les autres années, sans jamais faire varier la possibilité de la rotation, d'une année à l'autre, pendant tout le cours de cette rotation;

3° Bien se pénétrer de ce qui est dit au chapitre VI intitulé *Traitement*, et choisir en conséquence les sapins à marteler. Avant tout, ne pas découvrir le sol imprudemment, dégager les jeunes perchis du couvert qui les arrête, mais par places et sans créer de grands massifs uniformes; bien ménager les arbres nécessaires au repeuplement du sol; redouter l'action du vent sur les crêtes et dans les gorges étroites;

4° Calculer le volume des arbres, pour établir la possibilité uniquement d'après les données des arbres types de chaque catégorie de diamètre, telles qu'elles sont inscrites au tableau A de l'Appendice.

En conséquence, prendre le diamètre de chaque arbre à 1^m33 du sol, sans se préoccuper de sa hauteur plus ou moins grande, de sa forme plus ou moins régulière, et donner à chaque sapin, selon son diamètre, le volume exact qui figure dans ce tableau. Ainsi tout sapin de 0^m50 de diamètre à 1^m33 sera estimé 2^{mc}313; tout sapin de 0^m70 aura 3^{mc}311, et de même pour tous les autres.

Mais le commerce n'achète pas des *moyennes*; il apprécie chaque arbre, considéré isolément, d'après ses dimensions réelles, dimensions qui peuvent s'écarter des moyennes générales; il faudra donc, après avoir établi le volume égal à la possibilité, en procédant comme nous venons de le dire, faire une seconde estimation pour obtenir la mise à prix de chaque arbre à mettre en vente. Pour cette seconde estimation, on procédera selon les usages établis dans la localité et depuis longtemps pratiqués dans la forêt de Bélesta;

5° Ne pas perdre de vue que tout arbre exploité, pourvu qu'il atteigne la dimension de 0^m30 à 1^m33 du sol, doit entrer dans le calcul de la possibilité. Si donc, par exemple, le vent renversait en 1878, dans la deuxième série, un certain nombre d'arbres, on en fixerait le volume d'après les données du tableau A de l'Appendice; et, si ce volume était de 17 mètres cubes, on retrancherait ce volume de celui à exploiter, dans la parcelle où les chablis seraient tombés;

6° Tenir un compte d'aménagement rigoureusement exact et consigner les opérations successives, auxquelles on procède, sur deux sommiers conformes aux modèles que nous donnons d'autre part. On tiendra, pour chacune des première et deuxième séries, un registre dont le cadre sera la reproduction textuelle du tableau D. Quant au tableau E, qui concerne exclusivement la série n° 3, ce n'est qu'un spécimen qu'on pourra faire varier dans la forme, si on le juge utile; le point essentiel, c'est qu'il soit dressé de telle sorte qu'on puisse embrasser, d'un coup d'œil, la nature et le prix des produits vendus, ainsi que l'emploi des fonds obtenus au moyen des ventes successives faites dans la série.

TABLEAU D

Sommier de contrôle pour la 1re série. — 1re Rotation. — Possibilité annuelle, 822mc.

Années de l'exploitation	PARCELLES. NATURE DES COUPES	O	P	Q	R	S	T	U	V	X	Y	Z	AA	BB	CC	DD	EE	OBSERVATIONS
	Contingent pour la rotation	949.874	657.170	1070.636	678.577	559.622	»	825.605	479.001	587.108	506.933	343.039	495.949	185.015	374.844	213.710	255.558	TRAVAUX DIVERS EFFECTUÉS.
		M.C.	M.C.	M.C.	M.C.	M.C.	M.C.	M.C.	M.C.	M.C.	M.C.	M.C.	M.C.	M.C.	M.C.	M.C.	M.C.	
1877	Coupes d'assiette Chablis																	
1878	Coupes d'assiette Chablis																	
1879	Coupes d'assiette Chablis																	
1880	Coupes d'assiette Chablis																	
1881	Coupes d'assiette Chablis																	
1882	Coupes d'assiette Chablis																	
1883	Coupes d'assiette Chablis																	
1884	Coupes d'assiette Chablis																	
1885	Coupes d'assiette Chablis																	
1886	Coupes d'assiette Chablis																	

TABLEAU E
Sommier de contrôle pour la 3ᵉ série.

PARCELLES.	PRODUITS DES EXPLOITATIONS.					INDICATIONS DES TRAVAUX EXÉCUTÉS.					
	ESSENCES.	BOIS d'œuvre. M. C.	BOIS de feu. STÉRES.	PRIX de VENTE.	DATE de la VENTE.	SEMIS.	PLANTATIONS.	TRAVAUX DIVERS.	FRAIS		DATE de la fin des TRAVAUX.
									De Main d'œuvre.	De Fournitures.	
FF											
GG											
HH											
II											
JJ											
LL											

Les Experts,

THINUS.   J. CASTEL.

— 56 —

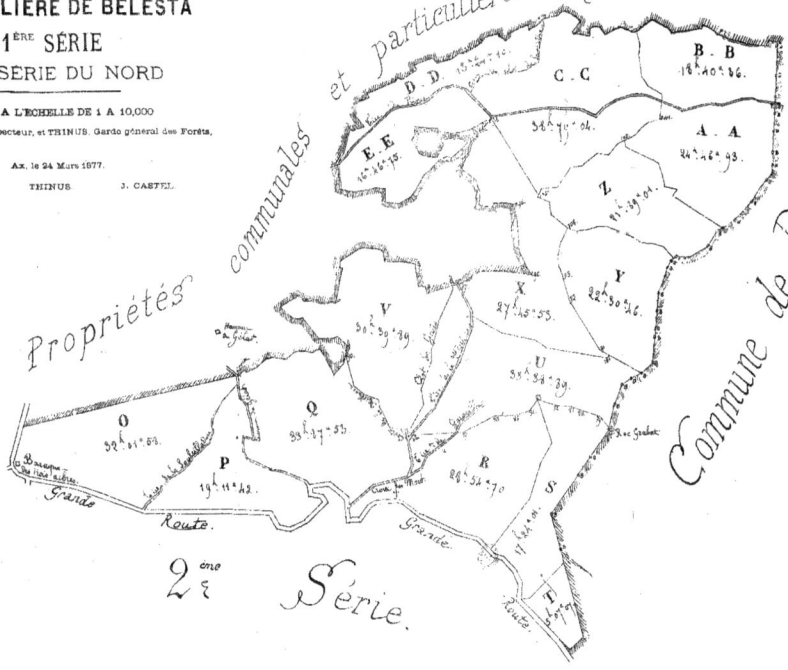

FORÊT
PARTICULIÈRE DE BELESTA
1ᴱᴿᴱ SÉRIE
DITE SERIE DU NORD

DRESSÉ A L'ECHELLE DE 1 A 10,000

MM. CASTEL, Inspecteur, et THINUS, Garde général des Forêts,
peris soussignés.

Ax, le 24 Mars 1877.

Signé :   THINUS   J. CASTEL.

NORD

Propriétés communales et particulières de Belesta

Commune de Rivel

2ᵉᵐᵉ Série.

FORÊT
PARTICULIERE DE BELESTA
2ÈME SÉRIE
DITE SÉRIE DU SUD

DRESSÉ A L'ECHELLE DE 1 A 10,000

par MM. CASTEL, Inspecteur, et THINUS, Garde général des Forêts,

Experts soussignés.

Ax, le 24 Mars 1877.

Signé : THINUS. J. CASTEL.

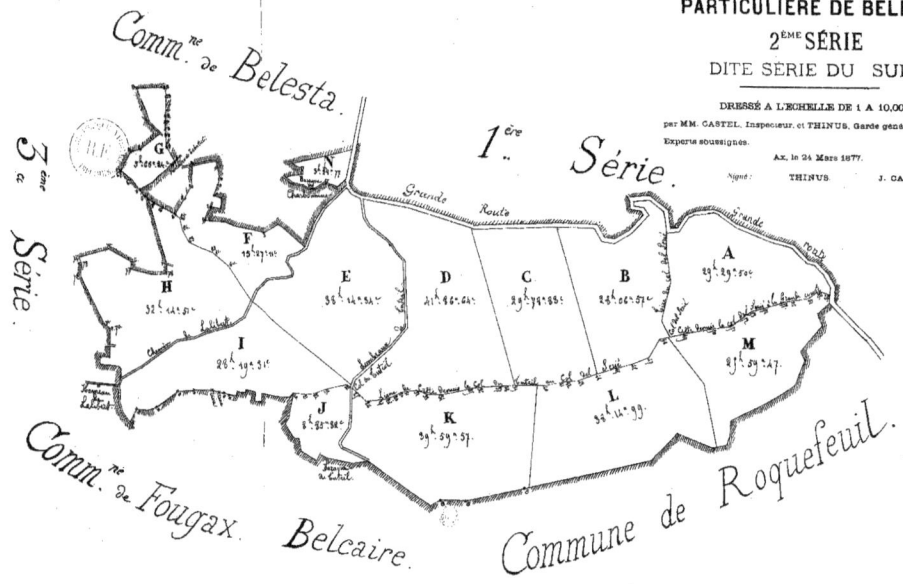

DRESSÉ A L'ECHELLE DE 1 A 10,000
par MM. CASTEL, Inspecteur, et THINUS, Garde général des Forêts,
Experts soussignés.
Ax, le 24 Mars 1877.
Signé :   THINUS   J. CASTEL.

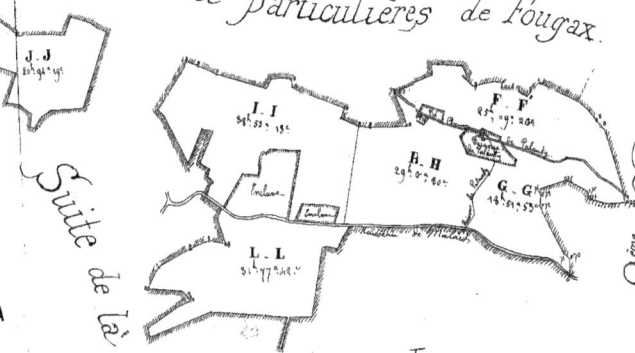

Propriétés communales et particulières de Fougax

J.J

I.I

F.F

H.H

G.G

L.L

Suite de la

commune de Fougax

2ème Série

Nord

FORÊT
PARTICULIERE DE BELESTA
3ᵉᵐᵉ **SÉRIE**

DITE DE PALAUTY ET MALART

DRESSÉ A L'ÉCHELLE DE 1 A 10,000
par MM. CASTEL, Inspecteur, et THINUS, Garde général des Forêts,
Experts soussignés.

Ax, le 24 Mars 1877.

Signé   THINUS.   J. CASTEL.

www.ingramcontent.com/pod-product-compliance
Lightning Source LLC
Chambersburg PA
CBHW070936280326
41934CB00009B/1900